한글만 알면
마법처럼 풀리는
마풀중국어

마법처럼 풀리는
마풀중국어

한글만 알면
마법처럼 풀리는

마풀중국어

생활

머리말

   마풀중국어는 훈민정음 창제 원리를 바탕으로 우리말과 중국어와의 관계를 연구하여 중국어를 한글로 배워야 하는 방법을 제시하고, 온라인 학습 중 유일하게 자가학습(문제풀이)이 가능한 브랜드이다.

   마풀 연구진은 우리말과 중국어 사이에 비슷한 발음이 많고, 일정한 발음 규칙이 있다는 사실을 기반으로 각종 옛 문헌과 사료, 실록 등을 매우 심도 있게 연구하였다. 그렇게 노력한 끝에 지금까지 우리나라 중국어 교육 프로그램에서는 볼 수 없었던 '마풀중국어'를 개발하게 되었다.

   마풀이라는 이름처럼 그야말로 '마법처럼 풀리는' 중국어 프로그램인 것이다.

   '선지자가 고향에서는 정작 대접을 못 받는다'는 말이 있다. 어릴 때부터 같이 보고 자랐던 사람이 시간이 지나 선지자가 되어 고향에 나타나니 아무도 거들떠도 안보더라는 말이다.

   현재 우리의 글자인 '훈민정음'이 이러한 처지에 놓여있다고 생각한다. 우리가 어릴 때 배워서 당연하게 사용하다 보니 정작 훈민정음의 진짜 가치와 위대성을 놓치고 있는 것이다.

   훈민정음은 지금부터 570여 년 전에 세종대왕께서 직접 창제하신 글자이다. 창제 당시 훈민정음은 자음 17자, 모음 11자로 28자에 불과한 글자지만, 세계 모든 사람의 입에서 나오는 소리를 모두 표현해 쓸 수 있는 글자였다. 그런데 오늘날 우리가 쓰는 글자는 24자이다. 4글자(ㆆ여린 히읗, ㆁ꼭지이응·아래아, ㅿ반치음)가 사라진 것이다. 사라진 4글자 외에도 ㅸ(순경음 비읍), ㆄ(순경음 피읖), ㅭ(쌍리을) 등의 소중한 글자들이 일제강점기 일본 학자들에 의해 강제로 사라졌고, 아직까지도 우리 곁에 돌아오지 못하고 있다.

이는 매우 안타까운 일이다. 마풀중국어 연구진은 훈민정음의 창제 원리 속에 숨겨진 우리말과 중국어, 나아가 세계 언어에 대한 비밀을 파헤치면서 많은 시간을 보냈다.

연구진과 마풀중국어를 개발하는 일은 17년 동안 대한민국에서 언어 관련 교육사업을 하며 이처럼 행복한 시간이 있었나 싶을 정도로 행복했다.

연구를 거듭할수록 마풀연구진은 일종의 사명감이 생겼다. 훈민정음의 위대한 글자들로 중국어를 가르치는 것은 단순히 중국어 교육을 쉽게 하는 것을 넘어 역사적, 학문적으로 매우 의미 있는 일이며 후손들에게 제대로 물려주어야 할 역사적인 사명이라는 것을.

'훈민정음의 위대한 비밀'을 통해 배우는 중국어 학습의 신세계에 오신 여러분을 진심으로 환영하며, 마풀중국어 개발을 위해 애쓴 연구진과 이카이스의 임직원들, 마풀을 응원해 주신 많은 분께 깊은 감사의 말씀을 아울러 전한다.

이카이스 ㈜ 대표 **이 현 준**

CONTENTS

생활

1강 호텔1 예약하기 & 체크인 하기	09
2강 호텔2 서비스 문의 & 체크인아웃 하기	19
3강 식당1 예약하기 & 자리 잡기	27
4강 주문하기 & 계산하기	37
5강 백화점1 위치 찾기 & 상품 문의하기	43
6강 백화점2 계산하기 & 환불, 교환하기	57
7강 미용실1 방문하기 & 상담하기	67
8강 미용실2 기타 서비스 요청 & 계산하기	77
9강 택시1 택시 잡기 & 목적지 말하기	87
10강 택시2 요청하기 & 요금 내기	95

마법처럼 풀리는 **마풀 중국어**

11강 관광지1 위치 찾기 & 티켓 구매하기 · 105

12강 관광지2 편의시설 문의하기 & 관광 관련 문의하기 · · · · · · · · · · · · · · · · 111

13강 마사지샵1 방문하기 & 서비스 안내받기 · 119

14강 마사지샵2 기타 서비스 요청 & 계산하기 · 127

15강 마트1 위치 찾기 & 제품 고르기 · 135

16강 마트2 상품 문의하기 & 계산하기 · 147

17강 은행1 계좌 개설하기 & 입출금 하기 · 157

18강 은행2 대출받기 & 기타 서비스 문의하기 · 165

19강 병원1 접수하기 & 진료받기 · 177

20강 병원2 치료받기 & 약 처방받기 · 185

마법처럼 풀리는 마풀중국어

1강

호텔
예약하기 & 체크인하기

예약하기 1
예약하기 2
체크인하기

1강 예약하기 1

중국어를 우리말로 바꿔 써 보세요.

→ _____

→ _____

→ _____

→ _____

주요 표현을 학습한 후, 빈칸에 알맞은 중국어를 써 보세요.

什么时候는 '언제'라는 뜻으로 시간이나 시점을 물을 때 씁니다. 来는 '오다', 到는 '도착하다' 라는 뜻이에요.

직원: 언제 오십니까?
您 [　　] 来?
닌 션머 싀호우 라이?

손님: 10월 13일에 도착합니다.
十月十三号 [　] 。
싀 위에 싀싼 하오 따오.

想은 '~하고 싶다' 라는 뜻이에요. 我要는 '~을 원하다' 라는 표현이에요.

직원: 어떤 방을 원하세요?
您 [　] 预订 [　] 房间?
닌 씨앙 위띵 션머 팡찌앤?

손님: 해변 쪽 방을 원합니다.
[　　] 一个靠海的房间。
워 야오 이 꺼 카오하이 더 팡찌앤.

1강 예약하기 2

 중국어를 우리말로 바꿔 써 보세요.

→ _____

→ _____

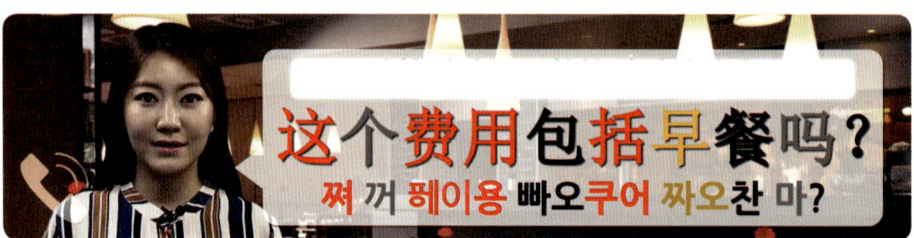

→ _____

→ _____

주요 표현을 학습한 후, 빈칸에 알맞은 중국어를 써 보세요.

多少는 '얼마'라는 의미로 가격을 물을 때 써요. 天은 '하룻밤'이라는 뜻이에요.

손님

방 값은 얼마입니까?

房费是 ☐ ?

팡페이 싀 뚜어샤오?

직원

하룻밤에 1000위앤입니다.

房费是 ☐ 元 ☐ 。

팡페이 싀 이치앤 위앤 이 티앤.

包括는 '포함하다'라는 뜻이에요.

손님

아침 식사를 포함한 가격입니까?

这个费用 ☐ 早餐吗?

쩌 꺼 페이용 빠오쿠어 짜오찬 마?

직원

네, 포함됩니다.

☐ , ☐ 早餐。

싀, 빠오쿠어 짜오찬.

 **체크인하기**

 중국어를 우리말로 바꿔 써 보세요.

→ _____

→ _____

→ _____

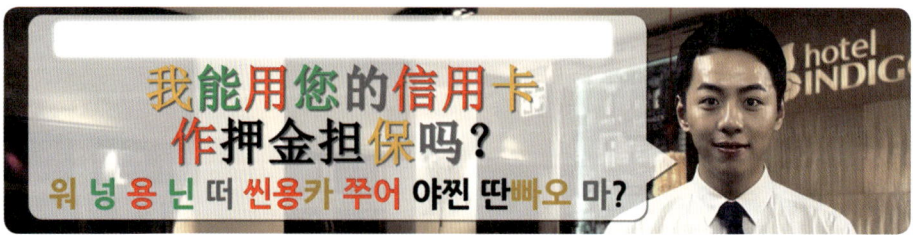

→ _____

주요 표현을 학습한 후, 빈칸에 알맞은 중국어를 써 보세요.

信用卡는 '신용카드', 押金는 '보증금'이라는 뜻이에요.

직원

신용카드로 보증금을 걸겠습니까?

我能用您的 [　信用卡　]
作 [　押金　] 担保吗?

워 넝 용 닌 떠 씬용카 쭈어 야찐 딴빠오 마?

두 사람의 대화를 이해하며 주요 표현을 따라 써 보세요.

직원

언제 오십니까?
您什么时候来?
닌 션머스호우 라이?

손님

10월 13일에 도착합니다.
十月十三号到.
스 위에 스싼 하오 따오.

직원

어떤 방을 원하세요?
您想预订什么房间?
닌 씨앙 위띵 션머 팡찌앤?

손님

높은 층에 있는 방을 원합니다.
我要一个较高层的房间.
워 야오 이 꺼 찌아오 까오청 더 팡찌앤.

16 | 마법처럼 풀리는 **마풀중국어**

두 사람의 대화를 이해하며 주요 표현을 따라 써 보세요.

손님

방 값은 얼마입니까?

房费是多少？

팡페이 식 뚜어샤오?

직원

하룻밤에 1000위앤입니다.

房费是一千元一天。

팡페이 식 이치앤 위앤 이 티앤.

손님

아침 식사를 포함한 가격입니까?

这个费用包括早餐吗？

쪄 꺼 페이용 빠오쿠어 짜오찬 마?

직원

포함됩니다.

包括早餐。

빠오쿠어 짜오찬.

생활 | 17

Memo

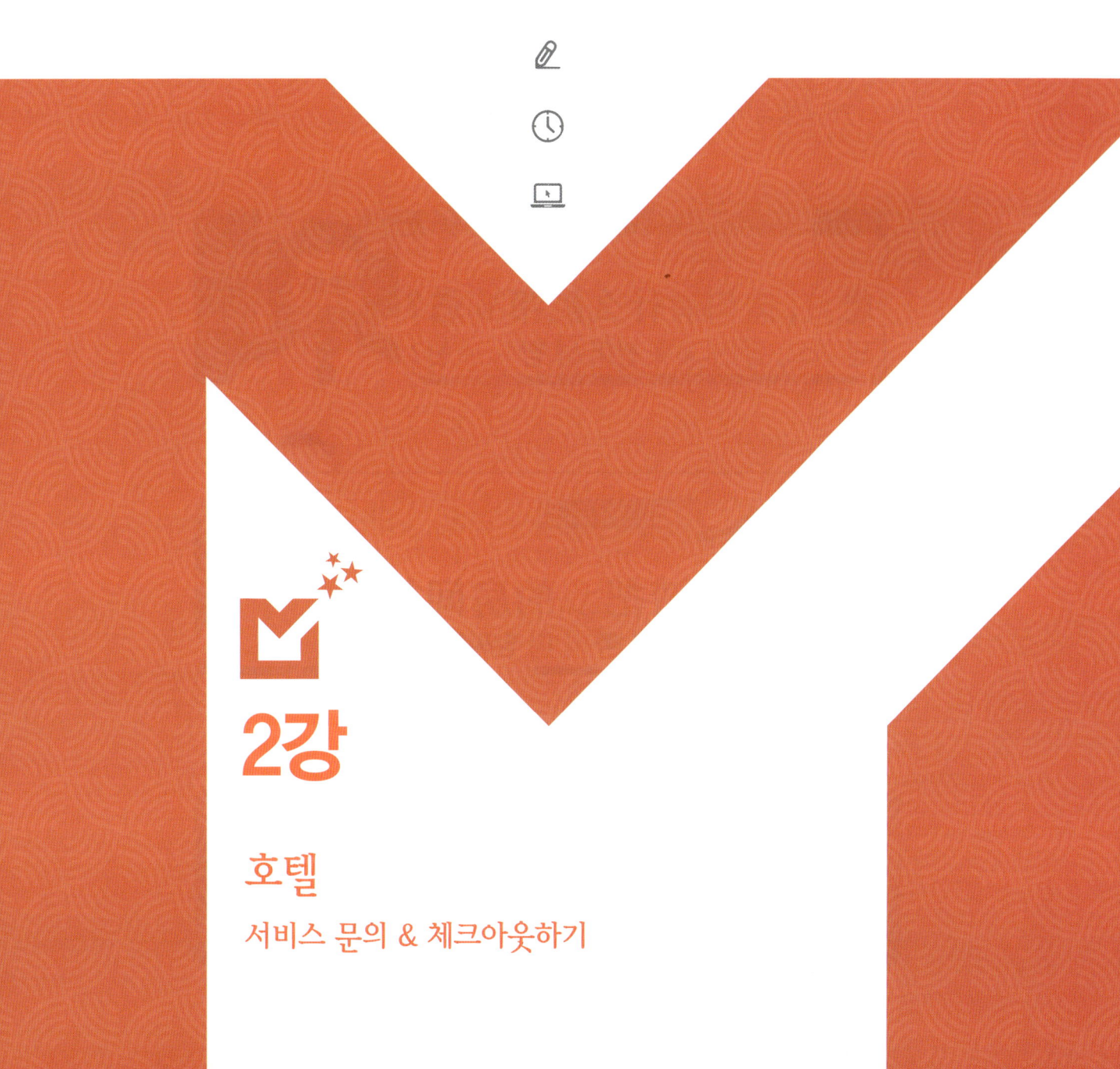

마법처럼 풀리는 마풀중국어

2강

호텔
서비스 문의 & 체크아웃하기

서비스 문의
체크아웃하기

2강 서비스 문의

 중국어를 우리말로 바꿔 써 보세요.

→ _____

→ _____

→ _____

→ _____

주요 표현을 학습한 후, 빈칸에 알맞은 중국어를 써 보세요.

'请把AB一下'는 'A를 B해 주세요' 라는 뜻이에요.

 손님

제 방을 청소해 주세요.

☐ 我的房间打扫 ☐ 。

칭 빠 워 떠 팡찌앤 따싸오 이씨아.

这件衣服는 '이 옷'
洗는 '세탁하다, 빨다'
라는 뜻이에요.

 손님

이 옷을 세탁해 주세요.

请把 ☐ 衣服 ☐ 一下 。

칭 빠 쪄 찌앤 이푸 씨 이씨아.

생활 | 21

주요 표현을 학습한 후, 빈칸에 알맞은 중국어를 써 보세요.

피트니스는 언제 사용할 수 있나요?

 손님

☐ 什么时候 ☐ 使用?

찌앤션팡 션머 시호우 커이 식용?

아침 식사를 제 방으로 가져다 주실 수 있나요?

 손님

☐ 把早餐 ☐ 我的房间吗?

커이 빠 짜오찬 쏭 따오 워 더 팡찌앤 마?

22 | 마법처럼 풀리는 마풀중국어

2강 체크아웃하기

 중국어를 우리말로 바꿔 써 보세요.

→ _____

→ _____

→ _____

→ _____

주요 표현을 학습한 후, 빈칸에 알맞은 중국어를 써 보세요.

退房은 '체크아웃하다' 라는 뜻이에요.

손님

체크아웃 하겠습니다. 여기 방 카드 드릴게요.

我想办理☐。☐给你。

워 씨앙 빤리 투에이팡. 팡카 께이 니.

除了는 '~를 제외하다', 还给는 '돌려주다'라는 의미입니다. 洗衣服务费는 '세탁비'라는 뜻으로, 발음하기 어려운 경우 洗衣/服务费로 끊어서 읽는 연습을 해 보세요.

직원

세탁비 15위앤을 제외하고, 보증금 485위앤 돌려 드리겠습니다.

☐洗衣服务费十五元, 押金四百八十五元都☐你。

츄 러 씨이 푸우페이 싀우 위앤,
야찐 쓰빠이 빠싀우 위앤 또우 후안 께이 니.

주요 표현을 학습한 후, 빈칸에 알맞은 중국어를 써 보세요.

叫는 '부르다', 辆은 차량을 세는 양사로 우리말로는 '대'라는 뜻이에요.

손님

택시 한 대 불러주세요.

请给我 ☐ 一 ☐ 出租车。

칭 께이 워 찌아오 이 리앙 츄쭈쳐.

대화를 이해하며 주요 표현을 따라 써 보세요.

손님

제 방을 청소해 주세요.

请把我的房间打扫一下。

칭 빠 워 더 팡찌앤 따싸오 이씨아.

손님

이 옷을 세탁해 주세요.

请把这件衣服洗一下。

칭 빠 쪄 찌앤 이푸 씨 이씨아.

대화를 이해하며 주요 표현을 따라 써 보세요.

손님

피트니스는 언제 사용할 수 있나요?

健身房什么时候可以使用?

찌앤셩팡 션머 식호우 커이 식용?

손님

아침 식사를 제 방으로 가져다 주실 수 있나요?

可以把早餐送到我的房间吗?

커이 빠 짜오찬 쏭 따오 워 떠 팡찌앤 마?

손님

체크아웃 하겠습니다. 여기 방 카드 드릴게요.

我想办理退房。房卡给你。

워 씨앙 빤리 투에이팡. 팡카 께이 니.

직원

세탁비 15위앤을 제외하고, 보증금 485위앤 돌려 드리겠습니다.

除了洗衣服务费十五元，押金四百八十五元都还给你。

츄 러 씨이 푸우페이 식우 위앤, 야찐 쓰빠이 빠식우 위앤 또우 후안 께이 니.

손님

택시 한 대 불러주세요.

请给我叫一辆出租车。

칭 께이 워 찌아오 이 리앙 츄쭈쳐.

마법처럼 풀리는 마풀중국어

3강

식당

예약하기 & 자리 잡기

예약하기
자리 잡기 1
자리 잡기 2

3강 예약하기

중국어를 우리말로 바꿔 써 보세요.

→ _____

→ _____

→ _____

→ _____

주요 표현을 학습한 후, 빈칸에 알맞은 중국어를 써 보세요.

位는 '명, 분'이라는 뜻으로 상대방을 높일 때 쓰는 양사예요. 大人은 '어른, 대인'이고 孩子는 '아이'라는 의미예요.

 직원

몇 분이시지요?

有几 ☐ ?

요우 찌 웨이?

 손님

어른 두 명과 아이 한 명이에요.

两个 ☐ 和一个 ☐ 。

리앙 꺼 따런 허 이 꺼 하이쯔.

什么样은 '어떠한', 座位는 '좌석, 자리'라는 뜻이에요. 安静는 '조용하다'라는 형용사이고 뒤에 的를 붙여 명사를 수식합니다.

 직원

어떤 자리를 원하십니까?

您要 ☐ 的座位?

닌 야오 션머양 떠 쭈어웨이?

 손님

조용한 자리로 주세요.

给我 ☐ 的 ☐ 。

께이 워 안찡 떠 쭈어웨이.

생활 | 29

3강 자리잡기 1

 중국어를 우리말로 바꿔 써 보세요.

→ _____

→ _____

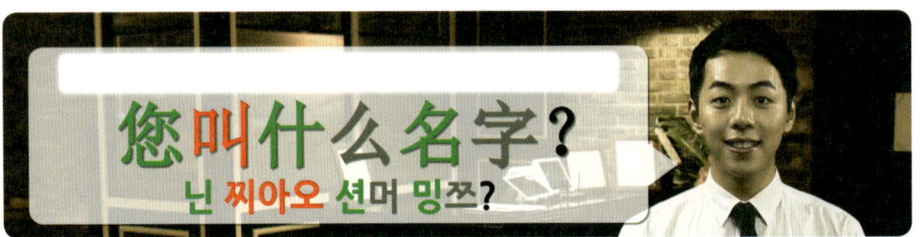

→ _____

→ _____

주요 표현을 학습한 후, 빈칸에 알맞은 중국어를 써 보세요.

预订은 '예약하다'라는 뜻이에요.

직원: 예약하셨나요?
您 [预订] 了 吗?
닌 위띵 러 마?

손님: 예약했습니다.
[预订] 了。
위띵 러.

 ## 자리잡기 2

 중국어를 우리말로 바꿔 써 보세요.

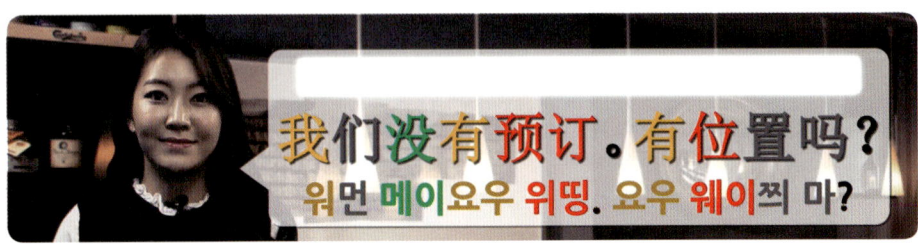

→ _____

→ _____

→ _____

→ _____

주요 표현을 학습한 후, 빈칸에 알맞은 중국어를 써 보세요.

没有는 '~한 적이 없다'라고 과거의 행위를 부정할 경우 동사 앞에 씁니다. 位置는 '자리'라는 의미입니다.

손님

예약을 하지 않았습니다. 자리 있습니까?

我们 ☐ 预订。有 ☐ 吗?

워먼 메이요우 위띵. 요우 웨이찍 마?

직원

죄송하지만 현재 자리가 없습니다.

不好意思。现在没有 ☐ 。

뿌하오이쓰. 씨앤짜이 메이요우 웨이찍.

多长时间은 '얼마동안', 半个小时는 '30분, 반 시간'을 뜻하는 말입니다.

손님

얼마나 기다려야 하나요?

要等 ☐ ?

야오 떵 뚜어챵 싀찌앤?

직원

약 30분 정도 기다리셔야 됩니다.

等 ☐ 左右。

떵 빤 꺼 씨아오싀 쭈어요우.

생활 | 33

두 사람의 대화를 이해하며 주요 표현을 따라 써 보세요.

직원

몇 분이시지요?
有几位?
요우 찌 웨이?

손님

어른 두 명과 아이 한 명이에요.
两个大人和一个孩子。
리앙 꺼 따쩐허 이 꺼 하이쯔.

직원

어떤 자리를 원하십니까?
您要什么样的座位?
닌 야오 션머양 떠 쭈어웨이?

손님

조용한 자리로 주세요.
给我安静的座位。
께이 워 안찡 떠 쭈어웨이.

두 사람의 대화를 이해하며 주요 표현을 따라 써 보세요.

직원

예약하셨나요?
您预订了吗?
닌 위띵 러 마?

손님

예약했습니다.
预订了。
위띵 러.

손님

예약을 하지 않았습니다. 자리 있습니까?
我们没有预订。有位置吗?
워먼 메이요우 위띵. 요우 웨이찌 마?

직원

죄송하지만 현재 자리가 없습니다.
不好意思。现在没有位置。
뿌하오이쓰. 씨앤짜이 메이요우 웨이찌.

생활 | 35

두 사람의 대화를 이해하며 주요 표현을 따라 써 보세요.

손님

얼마나 기다려야 하나요?
要等多长时间?
야오 떵 뚜어챵 싀찌앤?

직원

약 30분 정도 기다리셔야 됩니다.
等半个小时左右。
떵 빤 꺼 씨아오싀 쭈어요우.

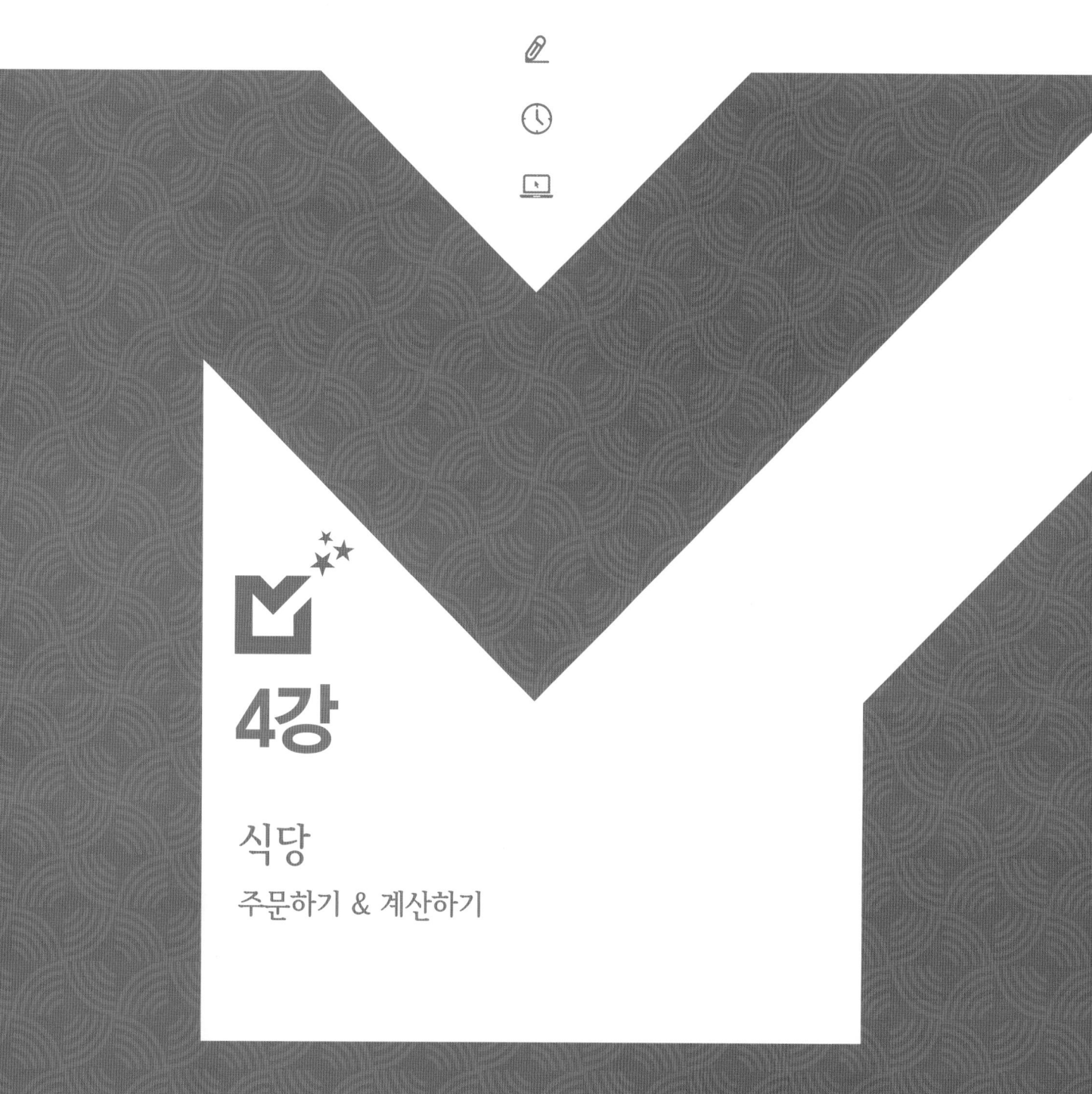

4강 주문하기

중국어를 우리말로 바꿔 써 보세요.

→ _____

→ _____

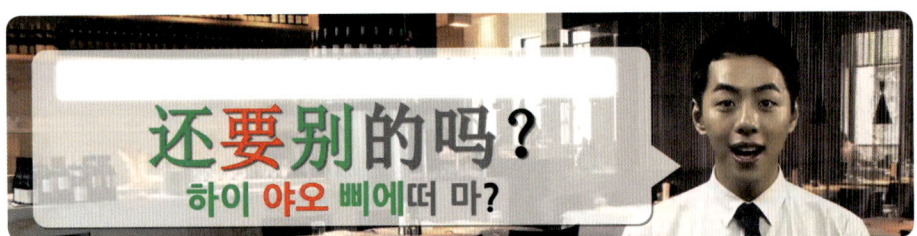

→ _____

→ _____

주요 표현을 학습한 후, 빈칸에 알맞은 중국어를 써 보세요.

拿手는 '제일 잘 하다, 뛰어나다', 有名는 '유명하다' 라는 표현입니다.

손님

이 집에서 제일 잘 하는 음식이 뭐예요?

这家的 □ 菜是什么?

쩌 찌아 떠 나쇼우차이 싀 션머?

직원

딤섬이 유명해요.

小笼包很 □。

씨아오롱빠오 헌 요우밍.

饮料는 '음료', 瓶은 병을 세는 양사로 '병', 啤酒는 '맥주'라는 뜻입니다.

직원

음료는 어떤 것으로 하시겠습니까?

你想喝什么 □?

니 씨앙 허 션머 인리아오?

손님

맥주 한 병 주세요.

来一瓶 □。

라이 이 핑 피찌요우.

4강 계산하기

📋 중국어를 우리말로 바꿔 써 보세요.

→ _____

→ _____

→ _____

→ _____

주요 표현을 학습한 후, 빈칸에 알맞은 중국어를 써 보세요.

买单 단독으로 쓰일 경우는 '계산하다', 앞에 给我를 붙여 给我买单로 쓸 경우는 '계산서를 주세요'라는 뜻이 됩니다.

손님

여기요, 계산해주세요.

服务员, ☐ 。

푸우위앤, 마이딴.

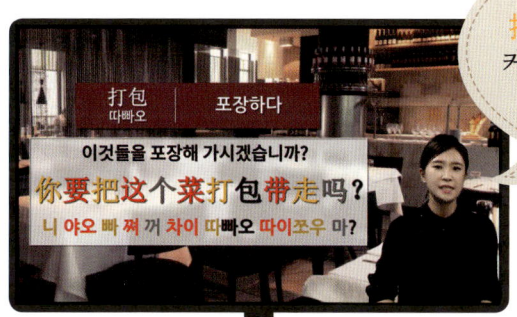

打包는 선물 포장이 아닌, 커피나 음식 등을 포장해서 갈 경우를 뜻합니다.

직원

감사합니다. 이것들을 포장해 가시겠습니까?

谢谢。你要把这个菜☐带走吗?

씨에씨에. 니 야오 빠 쩌 꺼 차이 따빠오 따이쪼우 마?

손님

이 음식 포장해 주세요.

请 ☐ 这个菜。

칭 따빠오 쩌 꺼 차이.

두 사람의 대화를 이해하며 주요 표현을 따라 써 보세요.

손님

이 집에서 제일 잘 하는 음식이 뭐예요?

这家的拿手菜是什么?

쪄 찌아 떠 나쇼우차이 싀 션머?

직원

딤섬이 유명해요.

小笼包很有名。

씨아오롱빠오 헌 요우밍.

직원

음료는 어떤 것으로 하시겠습니까?

你想喝什么饮料?

니 씨앙 허 션머 인리아오?

손님

오렌지주스 한 잔 주세요.

来一杯橙汁。

라이 이 뻬이 쳥찌.

직원

감사합니다. 이것들을 포장해가시겠습니까?

谢谢。你要把这个菜打包带走吗?

씨에씨에. 니 야오 빠 쪄 꺼 차이 따빠오 따이쪼우 마?

손님

이 음식 포장해 주세요.

请打包这个菜。

칭 따빠오 쪄 꺼 차이.

마법처럼 풀리는 **마풀중국어**

5강

백화점
위치 찾기 & 제품 고르기

위치 찾기 1
위치 찾기 2
상품 문의하기 1
상품 문의하기 2

5강 위치찾기 1

중국어를 우리말로 바꿔 써 보세요.

→ _____

→ _____

→ _____

→ _____

주요 표현을 학습한 후, 빈칸에 알맞은 중국어를 써 보세요.

여자: 이 근처에 쇼핑센터가 있습니까?
这 [附近] 有没有 [购物中心] ?
쩌 푸찐 요우 메이요우 꼬우우쫑씬?

남자: 백화점 하나가 있습니다.
有一家 [商场] 。
요우 이 찌아 샹챵.

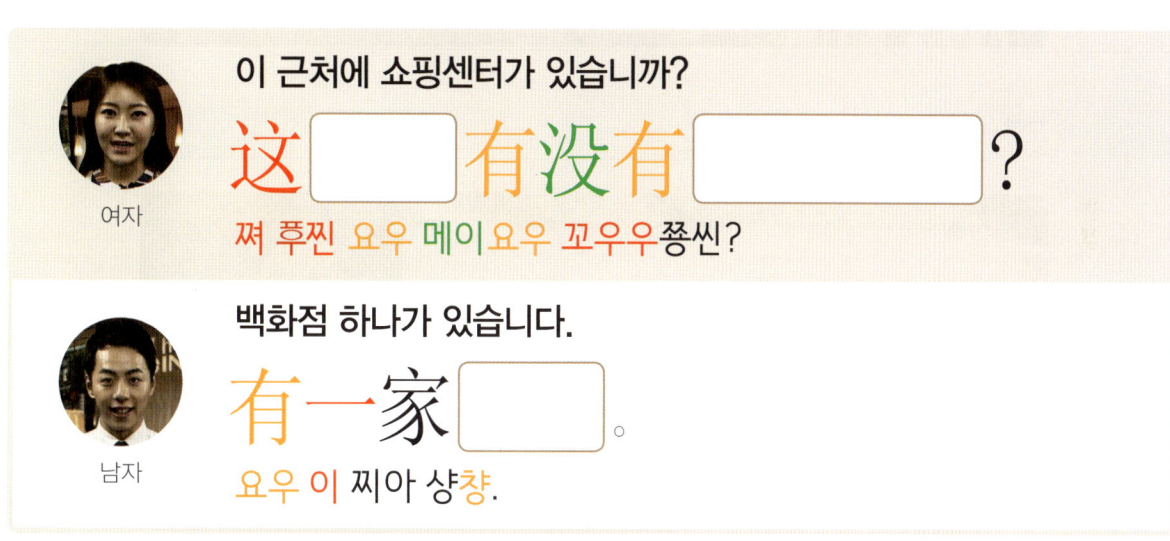

남자: 걸어가면 10분 정도 걸립니다.
[走着去] 需要十分钟左右。
쪼우 쩌 취 쒸야오 싀 펀쫑 쭈어요우.

생활 | 45

5강 위치찾기 2

중국어를 우리말로 바꿔 써 보세요.

请问一下。服务台在哪里?
칭 원 이씨아. 푸우타이 짜이 나 리?

→ _____

在那边的药店旁边。
짜이 나 삐앤 떠 야오띠앤 팡삐앤.

→ _____

女装柜台在几楼?
뉘쮸앙 꾸에이타이 짜이 찌 로우?

→ _____

请乘坐电梯到二楼。
칭 쳥 쭈어 띠앤티 따오 으 로우.

→ _____

주요 표현을 학습한 후, 빈칸에 알맞은 중국어를 써 보세요.

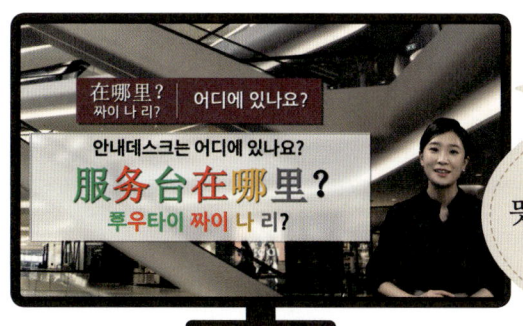

在는 '~에 있다'라는 뜻으로 위치나 장소를 물을 때 쓰는 동사입니다.

손님

안내 데스크는 어디에 있나요?

服务台 ☐ 哪里?

푸우타이 짜이 나 리?

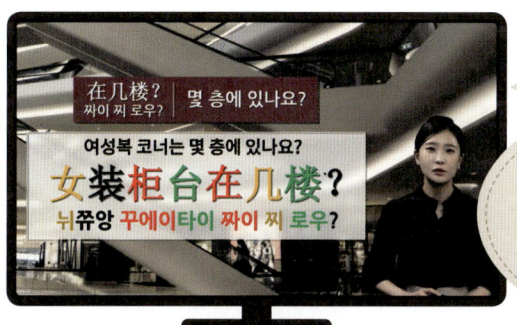

女装柜台는 '여성복 코너'를, 几는 '몇'을 뜻하는 의문대명사이고, 楼는 건물의 층을 의미합니다.

손님

여성복 코너는 몇 층에 있나요?

女装柜台在 ☐ ?

뉘쮸앙 꾸에이타이 짜이 찌 로우?

5강 상품 문의하기 1

중국어를 우리말로 바꿔 써 보세요.

→ _____

→ _____

→ _____

→ _____

주요 표현을 학습한 후, 빈칸에 알맞은 중국어를 써 보세요.

손님

말씀 좀 묻겠습니다. 이 치마는 올해 신상품인가요?

请问. 这条裙子是今年 □ 吗?

칭 원. 쩌 티아오 췬쯔 싀 찐니앤 씬쿠안 마?

직원

이것은 이월 상품이라 지금 50% 세일 중입니다.

这是 □. 现在打五折.

쩌 싀 꾸어치 샹핀. 씨앤짜이 따 우 쩌.

주요 표현을 학습한 후, 빈칸에 알맞은 중국어를 써 보세요.

颜色는 '색깔', 白色는 '흰색' 이라는 뜻입니다.

손님
다른 색깔도 있나요?
还有别的 ☐ 吗?
하이요우 삐에 떠 앤써 마?

직원
흰색도 있어요.
我们还有 ☐ 的。
워먼 하이요우 빠이써 떠.

5강 상품 문의하기 2

중국어를 우리말로 바꿔 써 보세요.

→ _____

→ _____

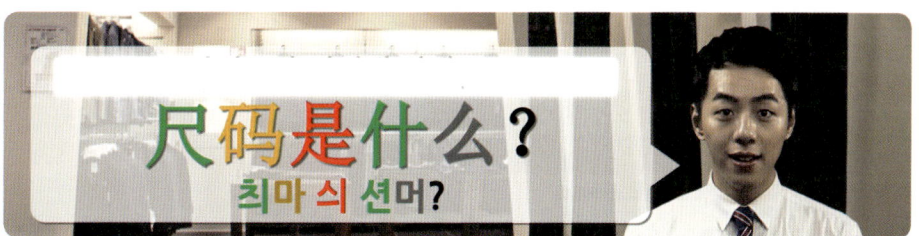

→ _____

→ _____

주요 표현을 학습한 후, 빈칸에 알맞은 중국어를 써 보세요.

직원

사이즈가 어떻게 되세요?

☐ 是什么?

츠마 스 션머?

손님

저는 스몰 사이즈예요.

我是 ☐ 。

워 스 씨아오 마.

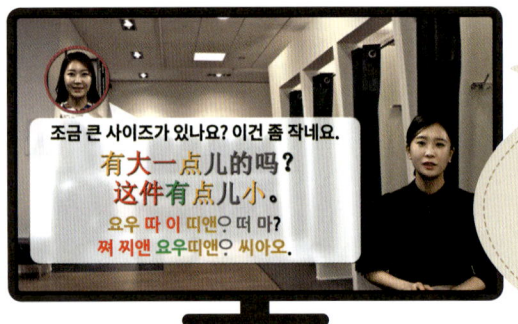

손님

조금 큰 사이즈가 있나요? 이건 좀 작네요.

有大 ☐ 的吗?
这件 ☐ 小。

요우 따 이 띠앤으 떠 마? 쪄 찌앤 요우띠앤으 씨아오.

두 사람의 대화를 이해하며 주요 표현을 따라 써 보세요.

여자

이 근처에 쇼핑센터가 있습니까?
这附近有没有购物中心?
쪄 푸찐 요우 메이요우 꼬우우쫑씬?

남자

백화점 하나가 있습니다.
有一家商场。
요우 이 찌아 샹챵.

걸어가면 10분 정도 걸립니다.
走着去需要十分钟左右。
쪼우 쪄 취 쒸야오 싀 펀쫑 쭈어요우.

손님

안내 데스크는 어디에 있나요?
服务台在哪里?
푸우타이 짜이 나 리?

손님

여성복 코너는 몇 층에 있나요?
女装柜台在几楼?
뉘쭈앙 꾸에이타이 짜이 찌 로우?

생활 | 53

두 사람의 대화를 이해하며 주요 표현을 따라 써 보세요.

손님

말씀 좀 묻겠습니다. 이 치마는 올해 신상품인가요?
请问。这条裙子是今年新款吗?
칭 원. 쩌 티아오 췬쯔 싀 찐니앤 씬쿠안 마?

직원

이것은 이월 상품이라 지금 50% 세일 중입니다.
这是过气商品。
쩌 싀 꾸어치 샹핀.
现在打五折。
씨앤짜이 따 우 쩌.

손님

다른 색깔도 있나요?
还有别的颜色吗?
하이요우 삐에 떠 앤써 마?

직원

흰색도 있어요.
我们还有白色的。
워먼 하이요우 빠이써 떠.

두 사람의 대화를 이해하며 주요 표현을 따라 써 보세요.

직원

사이즈가 어떻게 되세요?

尺码是什么？

츨마 식 션머?

손님

저는 스몰 사이즈예요.

我是小码。

워 식 씨아오 마.

조금 큰 사이즈가 있나요? 이건 좀 작네요.

有大一点儿的吗？
这件有点儿小。

요우 따 이 띠앤으떠 마? 쪄 찌앤 요우띠앤으 씨아오.

생활 | 55

Memo

6강 계산하기

 중국어를 우리말로 바꿔 써 보세요.

→ _____

→ _____

→ _____

→ _____

주요 표현을 학습한 후, 빈칸에 알맞은 중국어를 써 보세요.

직원

현금으로 결제하시겠어요 아니면 신용카드로 결제하시겠어요?

付现金 [还是] 刷卡?

푸 씨앤찐 하이스 슈아카?

손님

이거 포장 좀 해주세요.

请把这个 [包装] 一下。

칭 빠 쩌 꺼 빠오쮸앙 이씨아.

직원

추가요금이 있어요.

需要 [附加费用]。

쒸야오 푸찌아 페이용.

6강 환불하기

 중국어를 우리말로 바꿔 써 보세요.

→ _____

→ _____

→ _____

→ _____

주요 표현을 학습한 후, 빈칸에 알맞은 중국어를 써 보세요.

瑕疵는 '흠, 흠집'이라는 의미입니다.

직원

무슨 일이신가요?

有什么问题?

요우 션머 원티?

손님

여기 옷에 흠이 있네요.

这里有 ☐ 。

쩌 리 요우 씨아츠.

发票는 '영수증', 办理退款는 '환불 조치를 하다'라는 뜻입니다.

직원

영수증을 주시면 바로 환불 조치해드리겠습니다.

你给我 ☐ 我就 ☐ 。

니 께이 워 퐈피아오 워 찌요우 빤리 투에이쿠안.

6강 교환하기

중국어를 우리말로 바꿔 써 보세요.

→ _____

我想把这个换别的。
워 씨앙 빠 쪄 꺼 후안 삐에 떠.

→ _____

对不起, 那件衣服今天卖光了。
뚜에이뿌치, 나 찌앤 이후 찐티앤 마이꾸앙 러.

→ _____

那什么时候能再进货?
나 션머 쇠호우 넝 짜이 찐후어?

→ _____

下星期一再过来吧。
씨아 씽치이 짜이 꾸어 라이 빠.

→ _____

주요 표현을 학습한 후, 빈칸에 알맞은 중국어를 써 보세요.

换은 '바꾸다, 교환하다', 别的은 '다른 것'이라는 뜻이에요.

손님

이거 다른 것으로 교환하고 싶어요.

我想把这个 ☐ 。

워 씨앙 빠 쪄 꺼 후안 삐에 더.

卖光는 '다 팔리다' 즉, '품절되다'라는 뜻이고, 了는 그렇게 상황이 변화되었음을 의미합니다.

직원

죄송합니다. 오늘 그 옷이 다 품절되었네요.

对不起,
那件衣服今天 ☐ 了。

뚜에이뿌치, 나 찌앤 이후 찐티앤 마이꾸앙 러.

두 사람의 대화를 이해하며 주요 표현을 따라 써 보세요.

직원

현금으로 결제하시겠어요 아니면 신용카드로 결제하시겠어요?

付现金还是刷卡?

푸 씨앤찐 하이스 슈아카?

손님

이거 포장 좀 해주세요.

请把这个包装一下。

칭 빠 쪄 꺼 빠오쮸앙 이씨아.

직원

추가요금이 있어요.

需要附加费用。

쒸야오 푸찌아 페이용.

직원

무슨 일이신가요?

有什么问题?

요우 션머 원티?

손님

여기 옷에 흠이 있네요.

这里有瑕疵。

쪄 리 요우 씨아츠.

직원

영수증을 주시면 바로 환불 조치해드리겠습니다.

你给我发票我就办理退款。

니 께이 워 파피아오 워 찌요우 빤리 투에이쿠안.

두 사람의 대화를 이해하며 주요 표현을 따라 써 보세요.

손님

이거 다른 것으로 교환하고 싶어요.

我想把这个换别的。

워 씨앙 빠 쪄 꺼 후안 삐에 떠.

직원

죄송합니다. 오늘 그 옷이 다 품절되었네요.

对不起,
那件衣服今天卖光了。

뚜에이뿌치,
나 찌앤 이후 찐티앤 마이꾸앙 러.

Memo

마법처럼 풀리는 마풀중국어

7강

미용실
방문하기 & 상담하기

방문하기
상담하기 1
상담하기 2

7강 방문하기

중국어를 우리말로 바꿔 써 보세요.

→ _____

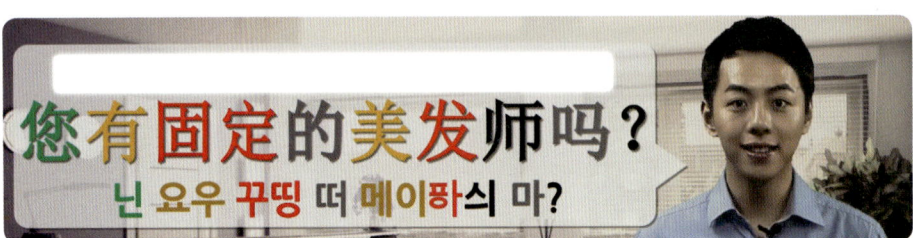

→ _____

→ _____

好。我先帮你保管你的包和衣服。
하오. 워 씨앤 빵 니 빠오꾸안 니 떠 빠오 허 이후.

→ _____

주요 표현을 학습한 후, 빈칸에 알맞은 중국어를 써 보세요.

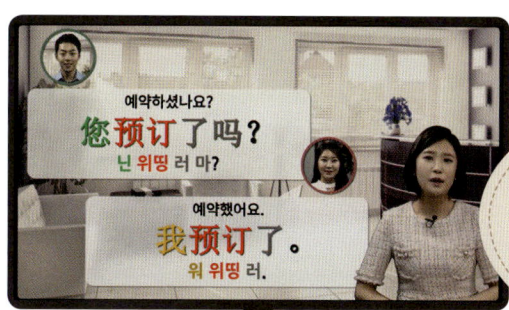

预订은 '예약하다'라는 뜻으로, 과거에 대한 질문이므로 동사 뒤에 了를 붙여줍니다. 대답할 때는 긍정형은 预订了, 부정형은 没有预订이라고 표현해요.

직원

예약하셨나요?

您 ☐ 了吗?

닌 위띵 러 마?

손님

예약했어요.

我预订 ☐ 。

워 위띵 러.

您有~吗는 '당신은 ~이 있습니까?'라는 뜻으로 부정할 때는 没有로 대답해요. 美发师는 '헤어 디자이너'라는 뜻이에요.

직원

담당 디자이너가 있으세요?

您有固定的 ☐ 吗?

닌 요우 꾸띵 떠 메이파스 마?

손님

없어요, 저 처음 왔어요.

☐ , 我第一次来。

메이요우, 워 띠 이 츠 라이.

7강 상담하기 1

중국어를 우리말로 바꿔 써 보세요.

→ _____

→ _____

→ _____

→ _____

주요 표현을 학습한 후, 빈칸에 알맞은 중국어를 써 보세요.

发型은 '헤어스타일', 烫은 '파마하다' 라는 뜻이에요.

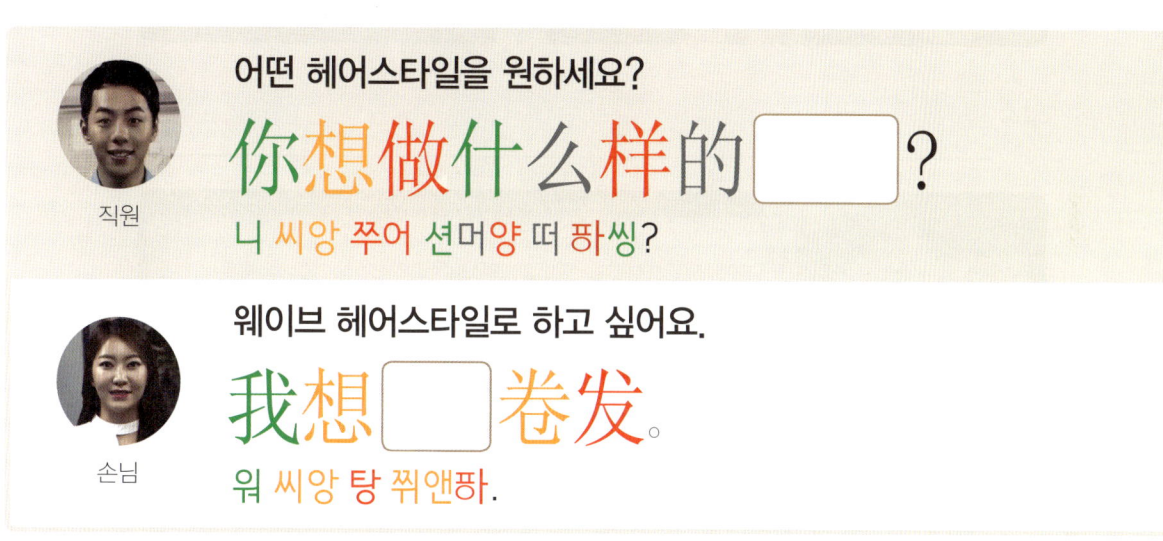

직원

어떤 헤어스타일을 원하세요?

你想做什么样的 ☐ ?

니 씨앙 쭈어 션머양 떠 퐈씽?

손님

웨이브 헤어스타일로 하고 싶어요.

我想 ☐ 卷发。

워 씨앙 탕 쮜앤퐈.

7강 상담하기 2

 중국어를 우리말로 바꿔 써 보세요.

→ _____

→ _____

→ _____

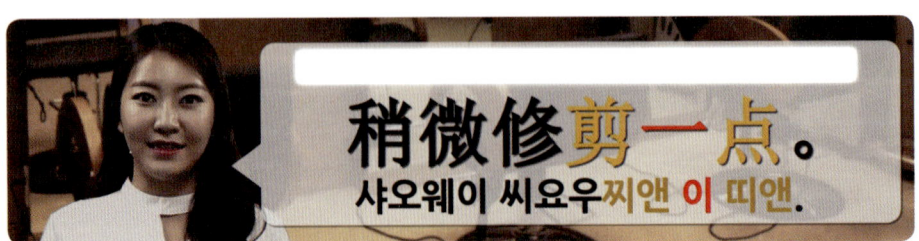

→ _____

주요 표현을 학습한 후, 빈칸에 알맞은 중국어를 써 보세요.

웨이브를 좀 작게 해달라고 할 때는 大 자리에 小를 넣어서 표현해요.

직원

어떤 스타일의 파마를 원하세요?

你想 □ 什么样的发型?

니 씨앙 탕 션머양 떠 파씽?

손님

웨이브를 좀 크게 해주세요.

请把头发卷 □ 一点。

칭 빠 토우파 쮜앤 따 이 띠앤.

剪은 '자르다', 稍微는 '약간, 조금' 이라는 뜻이에요.

직원

조금 자르고 할까요?

要不要 □ 一点?

야오 뿌 야오 찌앤 이 띠앤?

손님

약간만 다듬어 주세요.

□ 修剪一点吧。

샤오웨이 씨요우 찌앤 이 띠앤 빠.

생활 | 73

두 사람의 대화를 이해하며 주요 표현을 따라 써 보세요.

직원

예약하셨나요?
您预订了吗?
닌 위띵 러 마?

손님

예약했어요.
我预订了。
워 위띵 러.

직원

담당 디자이너가 있으세요?
您有固定的美发师吗?
닌 요우 꾸띵 더 메이파스 마?

손님

없어요. 저 처음 왔어요.
没有，我第一次来。
메이요우, 워 띠 이 츠 라이.

두 사람의 대화를 이해하며 주요 표현을 따라 써 보세요.

직원

어떤 헤어스타일을 원하세요?
你想做什么样的发型?
니 씨앙 쭈어 션머양 떠 파씽?

손님

웨이브 헤어스타일로 하고 싶어요.
我想烫卷发.
워 씨앙 탕 쥐앤파.

직원

어떤 스타일의 파마를 원하세요?
你想烫什么样的发型?
니 씨앙 탕 션머양 떠 파씽?

손님

웨이브를 좀 크게 해주세요.
请把头发卷大一点.
칭 빠 토우파 쥐앤 따 이 띠앤.

생활 | 75

두 사람의 대화를 이해하며 주요 표현을 따라 써 보세요.

직원

조금 자르고 할까요?
要不要剪一点?
야오 뿌 야오 찌앤 이 띠앤?

손님

약간만 다듬어 주세요.
稍微修剪一点吧。
샤오웨이 씨요우찌앤 이 띠앤 빠.

8강 기타 서비스 요청

 중국어를 우리말로 바꿔 써 보세요.

→ _____

→ _____

→ _____

→ _____

주요 표현을 학습한 후, 빈칸에 알맞은 중국어를 써 보세요.

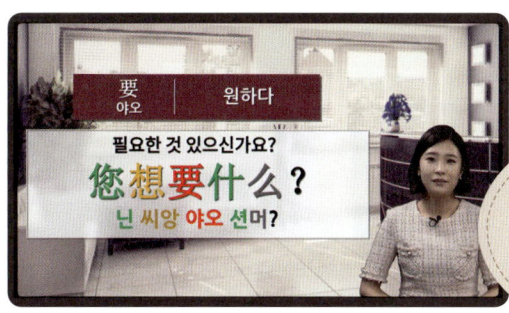

要는 '원하다'라는 뜻이에요.

직원

필요한 것 있으신가요?

您想 ☐ 什么?

닌 씨앙 야오 션머?

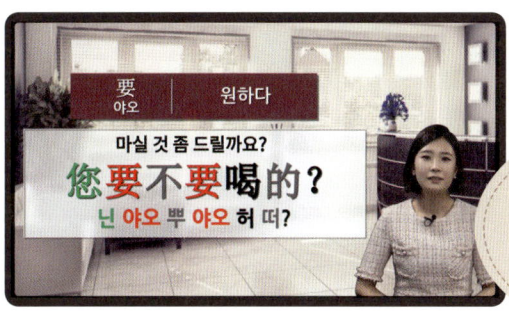

要不要는 정반의문문으로 '~을 원합니까?'라는 의미예요.

직원

마실 것 좀 드릴까요?

您 ☐ 喝的?

닌 야오 뿌 야오 허 떠?

请给我~은 '~을 주세요'라는 표현이고, 本은 책을 세는 양사, 杂志는 '잡지'라는 뜻이에요.

손님

잡지 한 권 갖다 주세요.

☐ 一本杂志。

칭 께이 워 이 뻔 짜찌.

생활 | 79

주요 표현을 학습한 후, 빈칸에 알맞은 중국어를 써 보세요.

杯는 컵을 세는 양사, 果汁는 '주스'라는 뜻이에요.

손님

주스 한 잔 주세요.

☐ 一杯果汁。

칭 께이 워 이 뻬이 꾸어 쯰.

请让我는 '~를 해주세요'라는 뜻이에요.

손님

거울을 보여주세요.

☐ 看看镜子。

칭 량 워 칸칸 찡쯔.

 **8강 계산하기**

 중국어를 우리말로 바꿔 써 보세요.

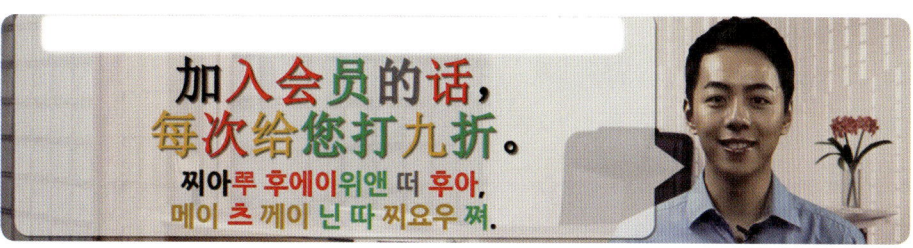

→ _____

→ _____

→ _____

→ _____

주요 표현을 학습한 후, 빈칸에 알맞은 중국어를 써 보세요.

직원

회원 가입을 하시면 매회 10%씩 할인해 드립니다.

加入☐的话,
每次给您打九折。

찌아루 후에이위앤 떠 후아,
메이 츠 께이 닌 따 찌요우 쩌.

손님

회원 가입 할게요.

我要加入☐。

워 야오 찌아루 후에이위앤.

주요 표현을 학습한 후, 빈칸에 알맞은 중국어를 써 보세요.

打折는 '할인하다'라는 뜻이에요.

打九折는 '10% 할인'을 의미해요.

손님: 현금할인 돼요?
可以现金 ☐ 吗?
커이 씨앤찐 따쩌 마?

직원: 10% 할인해 드릴게요.
给您 ☐ 。
께이 닌 따 찌요우 쩌.

두 사람의 대화를 이해하며 주요 표현을 따라 써 보세요.

직원

필요한 것 있으신가요?
您想要什么?
닌 씨앙 야오 션머?

마실 것 좀 드릴까요?
您要不要喝的?
닌 야오 뿌 야오 허 떠?

손님

잡지 한 권 갖다 주세요.
请给我一本杂志.
칭 께이 워 이 뻔 짜찌.

주스 한 잔 주세요.
请给我一杯果汁.
칭 께이 워 이 뻬이 꾸어찌.

거울을 보여주세요.
请让我看看镜子.
칭 랑 워 칸칸 찡쯔.

두 사람의 대화를 이해하며 주요 표현을 따라 써 보세요.

직원

회원 가입을 하시면 매회 10%씩 할인해 드립니다.

加入会员的话，每次给您打九折。

찌아루 후에이위앤 떠 후아, 메이 츠 께이 닌 따 찌요우 쩌.

손님

회원 가입 할게요.

我要加入会员。

워 야오 찌아루 후에이위앤.

손님

현금할인 돼요?

可以现金打折吗？

커이 씨앤찐 따쩌 마?

직원

10% 할인해드립니다.

给您打九折。

께이 닌 따 찌요우 쩌.

생활 | 85

Memo

9강 택시 잡기

중국어를 우리말로 바꿔 써 보세요.

→ _____

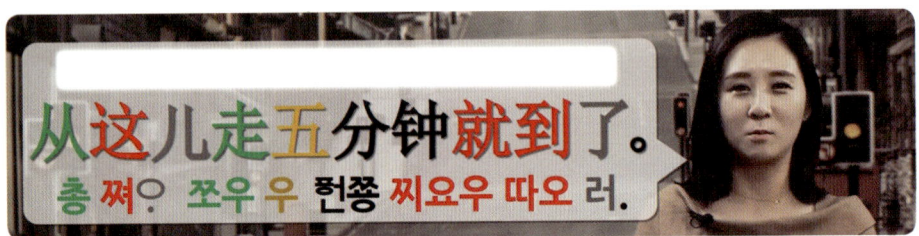

→ _____

→ _____

→ _____

주요 표현을 학습한 후, 빈칸에 알맞은 중국어를 써 보세요.

出租车는 '택시'라는 뜻으로, '택시를 타다'라고 할 때는 동사 坐를 사용해요.

여행객

어디에서 택시를 탈 수 있어요?

在哪儿可以 ☐ 出租车?

짜이 나ㅇ커이 쭈어 츄쭈쳐?

행인

여기에서 오 분 거리에 있어요.

从这儿走五分钟 ☐ 。

총 쪄ㅇ쪼우 우 펀쫑 찌요우 따오 러.

使用은 '사용하다', 应用程序는 '앱'이라는 뜻이에요.

여행객

스마트폰 앱으로 택시를 부를 수 있나요?

使用手机的 ☐
可以叫出租车吗?

식용 쇼우찌 떠 잉용청쒸 커이 찌아오 츄쭈쳐 마?

9강 행선지 말하기

중국어를 우리말로 바꿔 써 보세요.

→ _____

→ _____

→ _____

→ _____

주요 표현을 학습한 후, 빈칸에 알맞은 중국어를 써 보세요.

손님

베이징호텔로 가 주세요.

☐北京饭店。

취 뻬이찡 퐌띠앤.

손님

공항까지 택시 타고 얼마나 걸려요?

☐到机场要用多长时间?

따쳐 따오 찌챵 야오 용 뚜어챵 싀찌앤?

택시기사

대략 15분 정도면 도착합니다.

☐十五分钟就到了。

따까이 싀우 펀쫑 찌요우 따오 러.

생활 | 91

주요 표현을 학습한 후, 빈칸에 알맞은 중국어를 써 보세요.

가격을 물어볼 때는 多少钱이라는 표현을 씁니다.

左右는 '~정도'라는 뜻으로 어림수를 나타낼 때 사용해요.

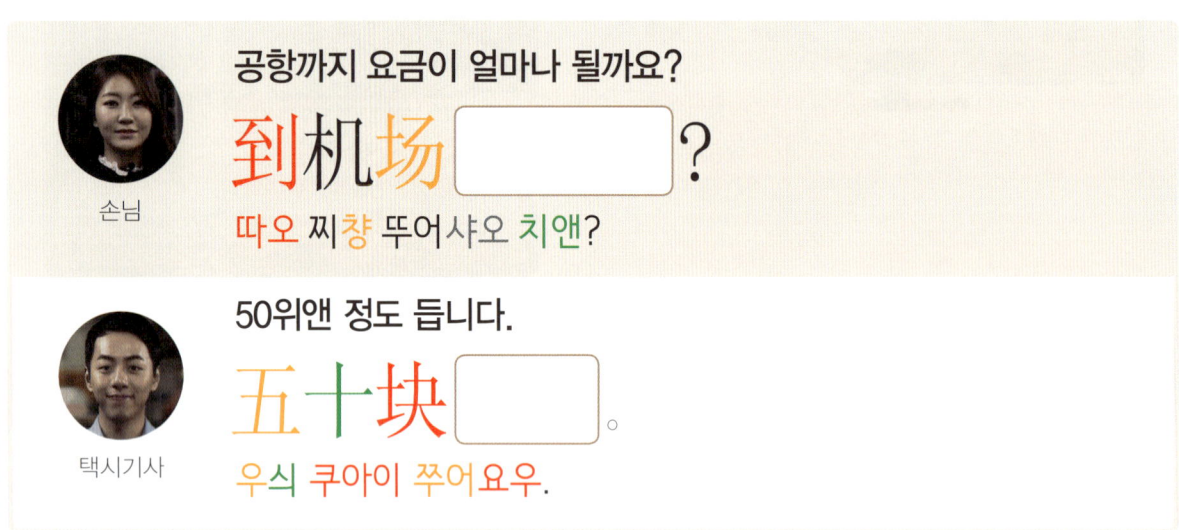

손님 — 공항까지 요금이 얼마나 될까요?
到机场 [多少钱] ?
따오 찌챵 뚜어샤오 치앤?

택시기사 — 50위앤 정도 듭니다.
五十块 [左右] 。
우싀 쿠아이 쭈어요우.

두 사람의 대화를 이해하며 주요 표현을 따라 써 보세요.

여행객

어디에서 택시를 탈 수 있어요?

在哪儿可以坐出租车？

짜이 나오 커이 쭈어 츄쭈쳐?

행인

여기에서 오 분 거리에 있어요.

从这儿走五分钟就到了。

총 쪄으 쪼우 우 펀쫑 찌요우 따오 러.

여행객

스마트폰 앱으로 택시를 부를 수 있나요?

使用手机的应用程序可以叫出租车吗？

식용 쇼우찌 떠 잉용청쒸 커이 찌아오 츄쭈쳐 마?

두 사람의 대화를 이해하며 주요 표현을 따라 써 보세요.

손님

공항으로 가 주세요.
去机场.
취 찌챵.

공항까지 택시 타고 얼마나 걸려요?
打车到机场要用多长时间?
따쳐 따오 찌챵 야오 융 뚜어챵 싀찌앤?

택시기사

대략 15분 정도면 도착합니다.
大概十五分钟就到了.
따까이 싀우 펀쭝 찌요우 따오 러.

손님

공항까지 요금이 얼마나 될까요?
到机场多少钱?
따오 찌챵 뚜어샤오 치앤?

택시기사

50위앤 정도 듭니다.
五十块左右.
우싀 쿠아이 쭈어요우.

10강

택시

요청하기 & 요금 내기

요청하기 1
요청하기 2
요금 내기

10강 요청하기 1

중국어를 우리말로 바꿔 써 보세요.

来不及了，请快点儿走。
라이뿌찌 러, 칭 쿠아이 띠앨 쪼우.

→ _____

路上堵车。
루샹 뚜쳐.

→ _____

从这里怎么走最快？
총 쪄 리 쩐머 쪼우 쭈에이 쿠아이?

→ _____

拐进右边的胡同会更快。
꾸아이찐 요우삐앤 떠 후통 후에이 껑 쿠아이.

→ _____

주요 표현을 학습한 후, 빈칸에 알맞은 중국어를 써 보세요.

来不及는 '제 시간에 댈 수 없다'라는 표현으로 반대말은 来得及라고 해요. 请~走는 '좀 ~ 가 주세요'라는 의미예요.

늦었어요. 서둘러 주세요.

손님

☐ 了, 请快点儿走。

라이뿌찌 러, 칭 쿠아이 띠앨으 쪼우.

从这里는 '여기서'라는 뜻으로 从은 시작점을 나타냅니다. 拐는 '방향을 바꾸다, 꺾어 돌다'라는 뜻으로, 拐进은 '꺾어 돌아 들어가다'라는 의미예요.

여기서 어떻게 가야 가장 빠를까요?

손님

☐ 怎么走最快?

총 쪄리 쩐머 쪼우 쭈에이 쿠아이?

오른쪽 골목으로 꺾어 들어가는 것이 더 빠를 것 같습니다.

택시기사

拐进右边的胡同 ☐ 。

꾸아이찐 요우삐앤 더 후통 후에이 껑 쿠아이.

생활 | 97

10강 요청하기 2

중국어를 우리말로 바꿔 써 보세요.

→ _____

→ _____

→ _____

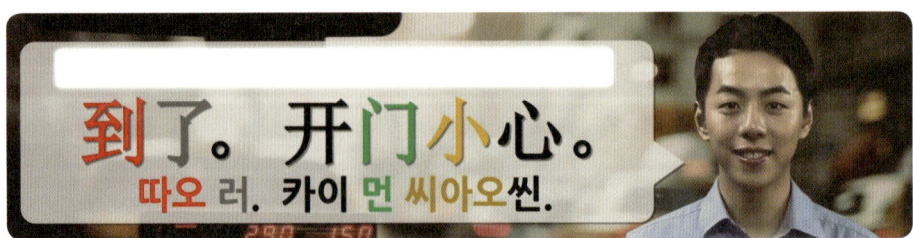

→ _____

주요 표현을 학습한 후, 빈칸에 알맞은 중국어를 써 보세요.

'请把~打开一下'는
'~을 열어주세요'라는
표현이에요.

손님

창문을 좀 열어주세요.

☐ 窗户打开一下。

칭 빠 츄앙후 따카이 이씨아.

后备箱은
'트렁크'라는 뜻이에요.

손님

트렁크를 열어주세요.

请把后备箱 ☐ 一下。

칭 빠 호우뻬이씨앙 따카이 이씨아.

在~停一下는 '~에서
세워주세요'라는 표현으로,
'여기에서 세워주세요'라고
할 때는 在这儿停一下라고
하면 돼요.

손님

입구에서 세워주세요.

在门口 ☐ 。

짜이 먼코우 팅 이씨아.

요금 내기

 중국어를 우리말로 바꿔 써 보세요.

→ _____

→ _____

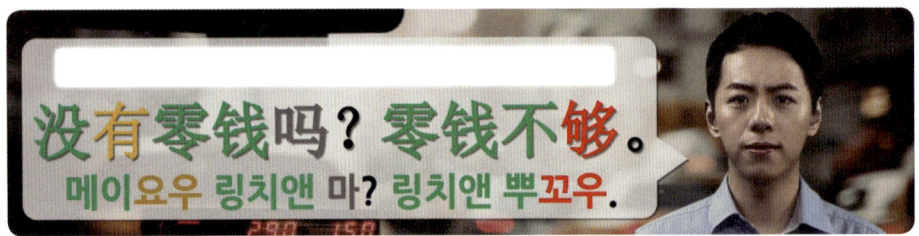

→ _____

→ _____

주요 표현을 학습한 후, 빈칸에 알맞은 중국어를 써 보세요.

付现金은 '현금 결제하다', 刷卡는 '카드로 결제하다'라는 뜻이에요.

택시기사

현금으로 결제하시겠어요 아니면 신용카드로 결제하시겠어요?

付现金还是 ?

푸 씨앤찐 하이스 슈아카?

零钱은 '잔돈'이라는 뜻이에요.

택시기사

잔돈 없으세요?

没有 ☐ 吗?

메이요우 링치앤 마?

不用은 '~할 필요 없다', 找는 '거슬러 주다'라는 의미예요.

손님

거스름돈은 됐어요.

☐ 找零钱。

뿌 용 쨔오 링치앤.

생활 | 101

두 사람의 대화를 이해하며 주요 표현을 따라 써 보세요.

손님

늦었어요. 서둘러 주세요.
来不及了，请快点儿走。
라이뿌찌 러, 칭 쿠아이 띠앤으 쪼우.

여기서 어떻게 가야 가장 빠를까요?
从这里怎么走最快？
총 쪄리 쩐머 쪼우 쭈에이 쿠아이?

택시기사

오른쪽 골목으로 꺾어 들어가는 것이 더 빠를 것 같습니다.
拐进右边的胡同会更快。
꾸아이찐 요우삐앤 떠 후통 후에이 껑 쿠아이.

손님

창문을 좀 열어주세요.
请把窗户打开一下。
칭 빠 츄앙후 따카이 이씨아.

트렁크를 열어주세요.
请把后备箱打开一下。
칭 빠 호우뻬이씨앙 따카이 이씨아.

두 사람의 대화를 이해하며 주요 표현을 따라 써 보세요.

손님

입구에서 세워주세요.

在门口停一下。

짜이 먼코우 팅 이씨아.

택시기사

현금으로 결제하시겠어요, 아니면 신용카드로 결제하시겠어요?

付现金还是刷卡？

푸 씨앤찐 하이식 슈아카?

잔돈 없으세요?

没有零钱吗？

메이요우 링치앤 마?

손님

거스름돈은 됐어요.

不用找零钱。

뿌 용 쨔오 링치앤.

Memo

마법처럼 풀리는 마풀중국어

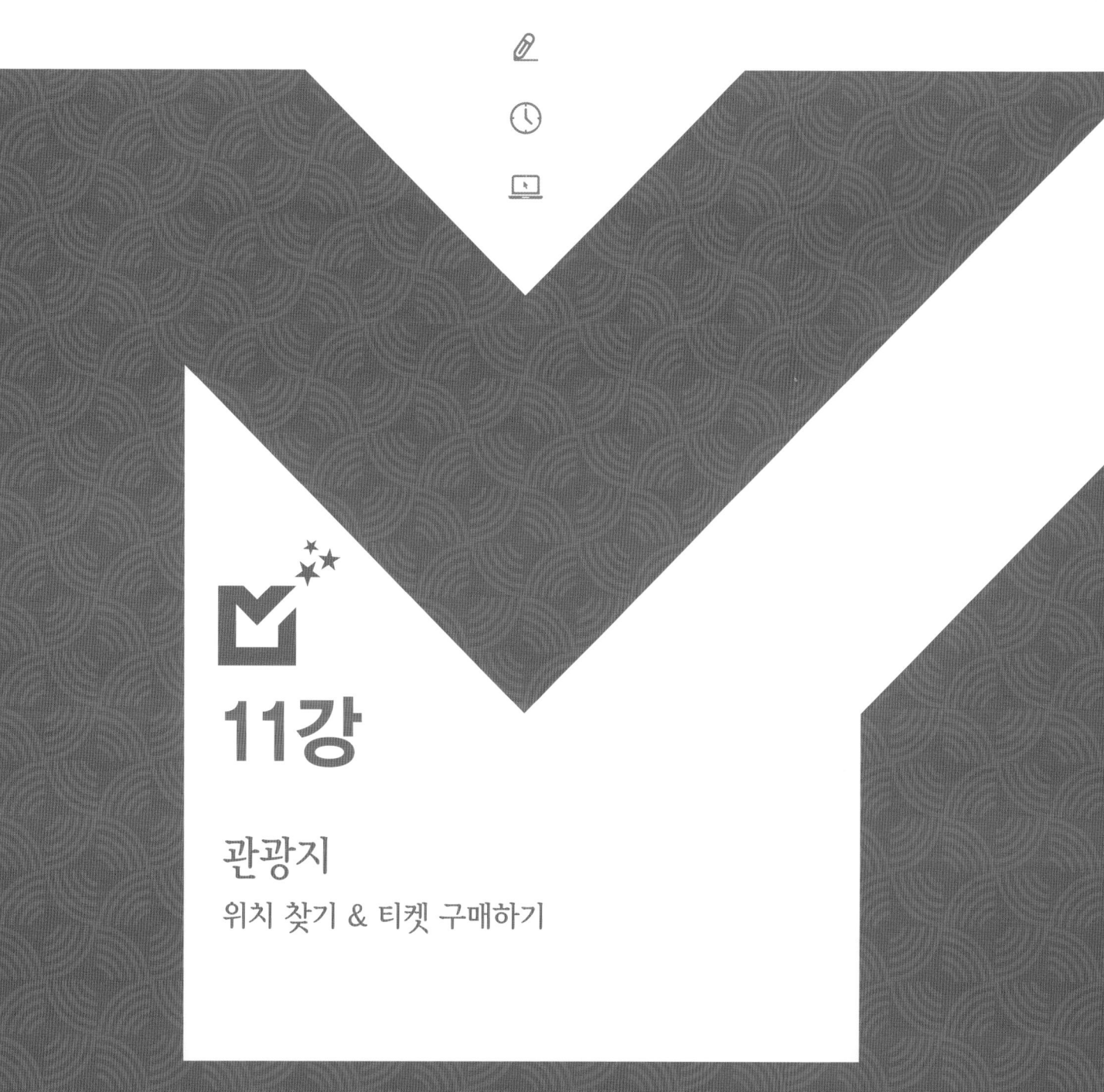

11강

관광지

위치 찾기 & 티켓 구매하기

위치 찾기
티켓 구매하기

11강 위치 찾기

중국어를 우리말로 바꿔 써 보세요.

去颐和园怎么走?
취 이허위앤 쩐머 쪼우?

→ _____

该从几号出口出去?
까이 총 찌 하오 츄코우 츄취?

→ _____

D号出口出去走五分钟就能到。
D하오 츄코우 츄취 쪼우 우 펀쭝 찌요우 넝 따오.

→ _____

售票处在门口吗?
쇼우피아오츄 짜이 먼코우 마?

→ _____

주요 표현을 학습한 후, 빈칸에 알맞은 중국어를 써 보세요.

어떤 장소에 가는 방법을 물을 때는 '去+장소+怎么走'의 형태로 표현해요.

관광객

이화원에 가려면 어떻게 가나요?

去颐和园 ☐ ?

취 이허위앤 쩐머 쪼우?

该는 '~해야 한다', 出口는 '출구', 出去는 '나가다' 라는 뜻이에요.

베이징은 숫자가 아니라 알파벳으로 출구를 구분해요.

관광객

몇 번 출구로 나가야 하죠?

☐ 从几号出口 ☐ ?

까이 총 찌 하오 츄코우 츄취?

행인

D번 출구로 나가서 5분 정도 걸어 가면 도착할 수 있어요.

D号出口出去走五分钟就能到。

D하오 츄코우 츄취 쪼우 우 펀쫑 찌요우 넝 따오.

생활 | 107

11강 티켓 구매하기

 중국어를 우리말로 바꿔 써 보세요.

→ _____

→ _____

→ _____

→ _____

주요 표현을 학습한 후, 빈칸에 알맞은 중국어를 써 보세요.

联票는 '전체관람권', 门票는 '입장권'을 의미해요. 우대권은 优惠票라고 해요.

매표원

어떤 티켓으로 하시겠습니까?
你要买什么票?
니 야오 마이 션머 피아오?

관광객

전체관람권 2장과 입장권 2장 주세요.
来两张☐和两张☐。
라이 리앙 쨩 리앤피아오 허 리앙 쨩 먼피아오.

생활 | 109

두 사람의 대화를 이해하며 주요 표현을 따라 써 보세요.

관광객

만리장성에 가려면 어떻게 가나요?

去长城怎么走?

취 챵쳥 쩐머 쪼우?

몇 번 출구로 나가야 하죠?

该从几号出口出去?

까이 총 찌 하오 츄코우 츄취?

행인

D번 출구로 나가서 5분 정도 걸어 가면 도착할 수 있어요.

D号出口出去走五分钟就能到。

D하오 츄코우 츄취 쪼우 우 펀쭁 찌요우 넝 따오.

매표원

어떤 티켓으로 하시겠습니까?

你要买什么票?

니 야오 마이 션머 피아오?

관광객

전체관람권 2장과 입장권 2장 주세요.

来两张联票和两张门票。

라이 리앙 쨩 리앤피아오 허 리앙 쨩 먼피아오.

마법처럼 풀리는 **마풀중국어**

12강

관광지
편의시설 문의하기 & 관광 관련 문의하기

편의시설 문의하기
관광 관련 문의하기

12강 편의시설 문의하기

 중국어를 우리말로 바꿔 써 보세요.

→ _____

→ _____

→ _____

→ _____

주요 표현을 학습한 후, 빈칸에 알맞은 중국어를 써 보세요.

不可以는 '~할 수 없다', 抽烟은 '담배를 피우다', 打火机는 '라이터' 라는 뜻이에요.

안내원

이화원 안에서는 담배를 피울 수 없으며, 라이터를 소지하고 들어갈 수 없습니다.

在颐和园里 ☐ 抽烟，拿着打火机 ☐ 进去。

짜이 이허위앤 리 뿌 커이 쵸우앤, 나 쪄 따후어찌 뿌 커이 찐취.

能用~吗?는 '~를 사용할 수 있나요?' 라는 표현이에요.

交押金은 '보증금을 내다', 借는 '빌리다', 退还은 '돌려주다, 반환하다' 라는 뜻이에요.

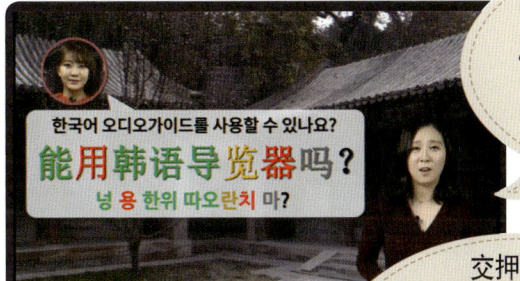

관람객

한국어 오디오 가이드를 사용할 수 있나요?

☐ 韩语导览器 ☐ ?

넝 용 한위 따오란치 마?

안내원

입구에서 보증금을 내면 빌릴 수 있고, 나가실 때 출구에서 반납해 주세요.

在门口交押金就能 ☐ 导览器，出去的时候请在出口退还。

짜이 먼코우 찌아오 야찐 찌요우 넝 찌에 따오란치, 츄취 떠 식호우 칭 짜이 츄코우 투에이후안.

생활 | 113

12강 관광 관련 문의하기

중국어를 우리말로 바꿔 써 보세요.

欢迎光临！请问有什么能帮到您？
후안잉 꾸앙린! 칭 원 요우 션머 넝 빵 따오 닌?

→ _____

你购买门票的话，还需要十元。
니 꼬우마이 먼피아오 떠 후아, 하이 쉬야오 싀 위앤.

→ _____

颐和园里边有什么特别活动吗？
이허위앤 리삐앤 요우 션머 터삐에 후어똥 마?

→ _____

好的，谢谢你仔细的说明。
하오 떠, 씨에씨에 니 쯔씨 떠 슈어밍.

→ _____

주요 표현을 학습한 후, 빈칸에 알맞은 중국어를 써 보세요.

需要는 '필요하다', 附加费用는 '추가 요금'이라는 뜻이에요.

购买는 '사다, 구매하다'라는 뜻이고, 的话는 '~하다면'이라는 가정의 의미를 나타내요.

관람객

이화원 안에 소주거리로 가고 싶은데, 추가 요금이 필요합니까?

我想去颐和园里的苏州街,
需要 ☐ 吗?

워 씨앙 취 이허위앤 리 떠 쑤쪼우찌에, 쉬야오 푸찌아 페이용 마?

안내원

입장권을 구매하셨다면, 추가로 10위앤을 더 내셔야 합니다.

你购买门票 ☐,
还需要十元。

니 꼬우마이 먼피아오 떠 후아, 하이 쉬야오 싀 위앤.

두 사람의 대화를 이해하며 주요 표현을 따라 써 보세요.

안내원

이화원 안에서는 담배를 피울 수 없으며, 라이터를 소지하고 들어갈 수 없습니다.

在颐和园里不可以抽烟，拿着打火机不可以进去。

짜이 이허위앤 리 뿌 커이 쵸우앤, 나 쪄 따후어찌 뿌 커이 찐취.

관람객

한국어 오디오 가이드를 사용할 수 있나요?

能用韩语导览器吗?

넝 용 한위 따오란치 마?

안내원

입구에서 보증금을 내면 빌릴 수 있고, 나가실 때 출구에서 반납해 주세요.

在门口交押金就能借导览器，出去的时候请在出口退还。

짜이 먼코우 찌아오 야찐 찌요우 넝 찌에 따오란치, 츄취 떠 식호우 칭 짜이 츄코우 투에이후안.

두 사람의 대화를 이해하며 주요 표현을 따라 써 보세요.

관람객

이화원 안에 소주거리로 가고 싶은데, 추가 요금이 필요합니까?

我想去颐和园里的苏州街，需要附加费用吗？

워 씨앙 취 이허위앤 리 떠 쑤쪼우찌에, 쒸야오 푸찌아 페이용 마?

안내원

입장권을 구매하셨다면, 추가로 10위앤을 더 내셔야 합니다.

你购买门票的话，还需要十元。

니 꼬우마이 먼피아오 떠 후아, 하이 쒸야오 싀 위앤.

Memo

마법처럼 풀리는 마풀중국어

13강

마사지샵
방문하기 & 서비스 안내받기

방문하기
서비스 안내받기

13강 방문하기

중국어를 우리말로 바꿔 써 보세요.

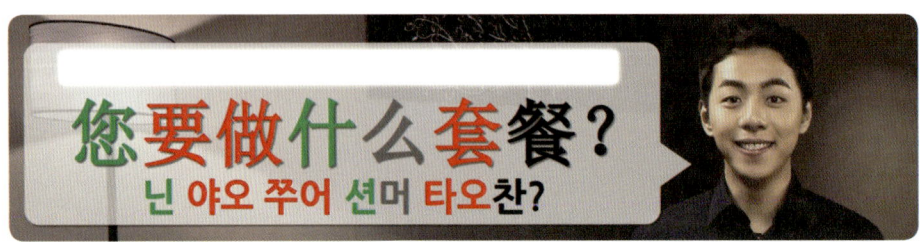

→ _____

→ _____

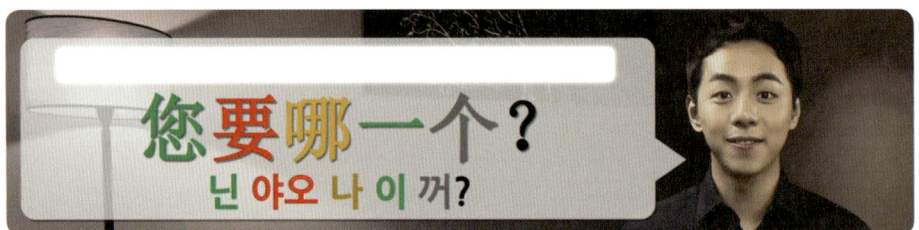

→ _____

→ _____

주요 표현을 학습한 후, 빈칸에 알맞은 중국어를 써 보세요.

套餐은 '코스, 세트'라는 뜻으로, 어떤 코스의 서비스를 원하는지 물을 때는 您要做什么套餐?이라고 표현해요.

직원

어떤 서비스로 하시겠습니까?

您要做什么☐?

닌 야오 쭈어 션머 타오찬?

손님

전신 마사지를 받으려고 합니다.

我想做☐。

워 씨앙 쭈어 취앤션 안모.

如果~的话는 '만약 ~라면'이라는 표현이고, 免费는 '무료'라는 뜻이에요.

직원

이번 달에 90분 코스로 하시면, 두피마사지를 무료로 해드립니다.

您这个月☐购买九十分钟的套餐☐, 免费给您做头皮管理。

닌 쪄 꺼 위에 루꾸어 꼬우마이 찌요우식 펀쭝 더 타오찬 더 후아, 미엔페이 께이 닌 쭈어 토우피 꾸안리.

13강 서비스 안내받기

중국어를 우리말로 바꿔 써 보세요.

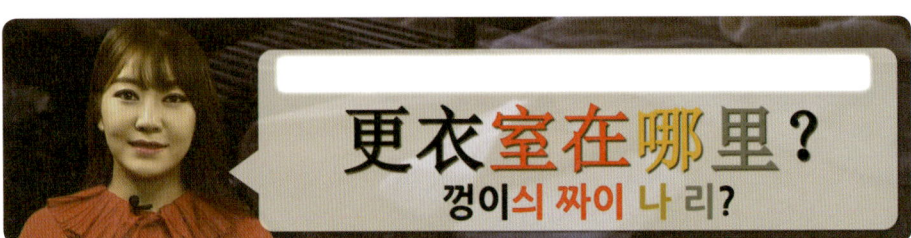

更衣室在哪里?
껑이싀 짜이 나 리?

→ _____

没有另外更衣室。
메이요우 링와이 껑이싀.

→ _____

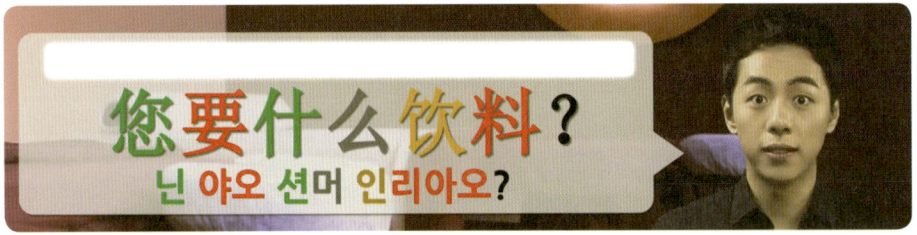

您要什么饮料?
닌 야오 션머 인리아오?

→ _____

给我两杯菊花茶。
께이 워 리앙 뻬이 쥐후아챠.

→ _____

주요 표현을 학습한 후, 빈칸에 알맞은 중국어를 써 보세요.

 손님

탈의실은 어디인가요?

☐ 在哪里?

껑이싀 짜이 나 리?

 직원

별도 탈의실은 없습니다. 방 안에서 갈아입으시면 됩니다.

没有 ☐ 更衣室。
在房间里换衣服就可以。

메이요우 링와이 껑이싀.
짜이 팡찌앤 리 후안 이푸 찌요우 커이.

주요 표현을 학습한 후, 빈칸에 알맞은 중국어를 써 보세요.

饮料는 '음료', 菊花茶는 '국화차'라는 뜻이에요. '~을 주세요'라고 할 때는 给我~라고 표현해요.

직원

음료는 무엇으로 드릴까요?

您要什么 ☐ ?

닌 야오 션머 인리아오?

손님

국화차 2잔 주세요.

☐ 两杯菊花茶。

께이 워 리앙 뻬이 쮜후아챠.

두 사람의 대화를 이해하며 주요 표현을 따라 써 보세요.

직원

어떤 서비스로 하시겠습니까?

您要做什么套餐?

닌 야오 쭈어 션머 타오찬?

손님

전신 마사지를 받으려고 합니다.

我想做全身按摩。

워 씨앙 쭈어 취앤션 안모.

직원

이번 달에 90분 코스로 하시면, 두피마사지를 무료로 해드립니다.

您这个月如果购买
九十分钟的套餐的话,
免费给您做头皮管理。

닌 쩌 꺼 위에 루꾸어 꼬우마이 찌요우식 펀쫑 떠 타오찬 떠 후아,
미엔페이 께이 닌 쭈어 토우피 꾸안리.

두 사람의 대화를 이해하며 주요 표현을 따라 써 보세요.

손님

탈의실은 어디인가요?

更衣室在哪里?

껑이싀 짜이 나 리?

직원

별도 탈의실은 없습니다. 방 안에서 갈아입으시면 됩니다.

没有另外更衣室。
在房间里换衣服就可以。

메이 요우 링와이 껑이싀.
짜이 팡찌앤 리 후안 이푸 찌요우 커이.

직원

음료는 무엇으로 드릴까요?

您要什么饮料?

닌 야오 션머 인리아오?

손님

국화차 2잔 주세요.

给我两杯菊花茶。

께이 워 리앙 뻬이 쮜후아챠.

마법처럼 풀리는 마풀중국어

14강

마사지샵

기타 서비스 요청 & 계산하기

기타 서비스 요청
계산하기

 **14강 기타 서비스 요청**

 중국어를 우리말로 바꿔 써 보세요.

→ _____

→ _____

→ _____

→ _____

주요 표현을 학습한 후, 빈칸에 알맞은 중국어를 써 보세요.

右肩은 '오른쪽 어깨', 酸疼은 '시큰시큰 쑤시고 아프다', 肩膀은 '어깨' 라는 뜻이에요.

손님

저는 오른쪽 어깨가 약간 뻐근해요. 어깨를 더 많이 해주세요.

我右肩有点儿酸疼。
☐ 更多吧。

워 요우찌앤 요우띠앤으 쑤안텅. 찌앤빵 껑 뚜어 빠.

'조금만 세게 해주세요' 라고 할 때는 轻 대신 重을 넣어서 重一点儿 이라고 합니다.

직원

어떠세요? 아프세요?

怎么样？疼吗？

쩐머양? 텅 마?

손님

조금 약하게 해주세요.

☐ 一点儿。

칭 이 띠앤으.

14강 계산하기

중국어를 우리말로 바꿔 써 보세요.

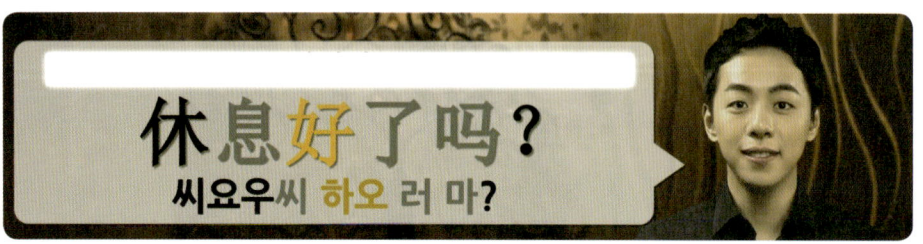

→ _____

→ _____

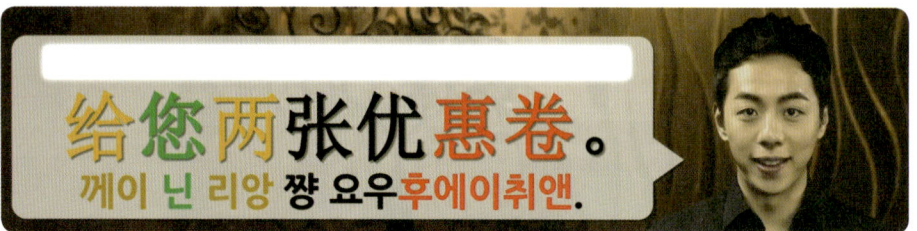

→ _____

→ _____

주요 표현을 학습한 후, 빈칸에 알맞은 중국어를 써 보세요.

一共은 '전부, 모두'라는 뜻으로 합계를 나타낼 때 사용해요.

 직원

두 분이 전신 마사지 90분 코스 하셔서 총 400위앤입니다.

两个九十分钟的全身按摩套餐 ☐ 四百元。

리앙 꺼 찌요우싀 펀쫑 떠 취앤션 안모 타오찬 이꽁 쓰빠이 위앤.

分开는 '분리하다', 买单은 '나누다 계산하다'라는 의미예요.

 손님

각자 계산할게요.

分开 ☐ 。

펀카이 마이딴.

优惠卷은 '할인쿠폰', 下次는 '다음 번', 使用은 '사용하다'라는 뜻이에요.

 직원

할인쿠폰 2장을 드릴게요. 다음에 방문하실 때 사용하실 수 있어요.

给您两张 ☐ ，下次访问的时候可以使用。

께이 닌 리앙 쨩 요우후에이취앤, 씨아츠 팡원 떠 싀호우 커이 싀용.

두 사람의 대화를 이해하며 주요 표현을 따라 써 보세요.

손님

저는 오른쪽 어깨가 약간 뻐근해요. 어깨를 더 많이 해주세요.

我右肩有点儿酸疼。
肩膀更多吧。

워 요우찌앤 요우띠앤ㄹ 쑤안텅. 찌앤빵 껑 뚜어 빠.

직원

어떠세요? 아프세요?

怎么样? 疼吗?

쩐머양? 텅 마?

손님

조금 약하게 해주세요.

轻一点儿。

칭 이 띠앤ㄹ.

두 사람의 대화를 이해하며 주요 표현을 따라 써 보세요.

직원

두 분이 전신 마사지 90분 코스 하셔서 총 400위앤입니다.

两个九十分钟的全身按摩套餐一共四百元。

리앙 꺼 찌요우식 펀쫑 떠 취앤션 안모 타오찬 이꽁 쓰빠이 위앤.

손님

각자 계산할게요.

分开买单。

펀카이 마이딴.

직원

할인쿠폰 2장을 드릴게요. 다음에 방문하실 때 사용하실 수 있어요.

给您两张优惠卷，下次访问的时候可以使用。

께이 닌 리앙 쨩 요우후에이취앤, 씨아츠 팡원 떠 식호우 커이 식용.

Memo

위치 찾기 1

 중국어를 우리말로 바꿔 써 보세요.

→ _____

→ _____

→ _____

→ _____

주요 표현을 학습한 후, 빈칸에 알맞은 중국어를 써 보세요.

直走는 '직진하다',
药店은 '약국',
往右拐는 '우회전하다'
라는 뜻이에요.

행인

직진하시다 약국이 보이면 우회전하세요. 바로 거기입니다.

直走可看到药店,
然后 [　往右拐　] 就是。

찍쪼우 커 칸따오 야오띠앤, 란호우 왕 요우 꾸아이 찌요우 싀.

15강 위치 찾기 2

 중국어를 우리말로 바꿔 써 보세요.

手推车在哪里?
쇼우 투에이쳐 짜이 나 리?

→ _____

在超市入口。
짜이 챠오스 루코우.

→ _____

罐头在哪里可以找到?
꾸안토우 짜이 나 리 커이 쨔오따오?

→ _____

在七号通路可以找到。
짜이 치 하오 통루 커이 쨔오따오.

→ _____

주요 표현을 학습한 후, 빈칸에 알맞은 중국어를 써 보세요.

罐头는 '통조림', 找는 '찾다'라는 뜻이에요.

손님: 통조림을 어디에서 찾을 수 있나요?

罐头在哪里可以 ☐ ?

꾸안토우 짜이 나 리 커이 쨔오따오?

직원: 7번 통로에서 찾으실 수 있습니다.

在七号通路可以 ☐ 。

짜이 치 하오 통루 커이 쨔오따오.

제품 고르기 1: 육류코너

 중국어를 우리말로 바꿔 써 보세요.

今天哪种肉类好?
찐티앤 나 쫑 로우레이 하오?

→ _____

我要做牛排。
워 야오 쭈어 니요우파이.

→ _____

那么我推荐肋骨肉。
나머 워 투에이찌앤 레이꾸 로우.

→ _____

多少钱一斤?
뚜어샤오 치앤 이 찐?

→ _____

주요 표현을 학습한 후, 빈칸에 알맞은 중국어를 써 보세요.

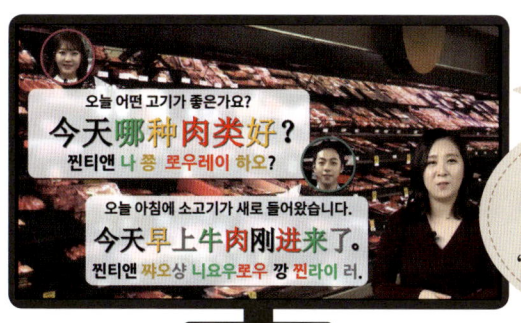

牛肉는 '소고기'라는 뜻으로, '돼지고기'는 猪肉, '닭고기'는 鸡肉, '오리고기'는 鸭肉라고 해요.

손님

오늘 어떤 고기가 좋은가요?

今天哪种 ☐ 好?

찐티앤 나 쫑 로우레이 하오?

직원

오늘 아침에 소고기가 새로 들어왔습니다.

今天早上 ☐ 刚进来了。

찐티앤 쨔오샹 니요우로우 깡 찐라이 러.

推荐은 '추천하다', 肋骨肉는 '안심'이라는 뜻이에요.

직원

그럼 안심을 추천해드릴게요.

那么我 ☐ 肋骨肉。

나머 워 투에이찌앤 레이꾸로우.

생활 | 141

15강 제품 고르기 2: 생활용품 코너

 중국어를 우리말로 바꿔 써 보세요.

什么牌子的牙膏最好?
션머 파이쯔 떠 야까오 쭈에이 하오?

→ _____

这个是最畅销的品牌。
쩌 꺼 스 쭈에이 챵씨아오 떠 핀파이.

→ _____

跟其他商品有什么差异?
껀 치타 샹핀 요우 션머 챠이?

→ _____

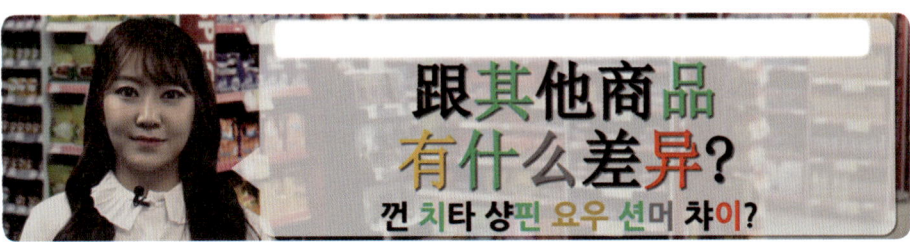

小孩子也可以用吗?
씨아오하이쯔 예 커이 용 마?

→ _____

주요 표현을 학습한 후, 빈칸에 알맞은 중국어를 써 보세요.

牌子는 '상표', 牙膏는 '치약', 畅销는 '잘 팔리다' 라는 의미예요.

손님

어느 브랜드 치약이 가장 좋아요?

什么 ☐ 的牙膏最好?

션머 파이쯔 떠 야까오 쭈에이 하오?

직원

이것이 가장 잘 팔리는 브랜드예요.

这个是最 ☐ 的品牌。

쩌 꺼 싀 쭈에이 챵씨아오 떠 핀파이.

其他는 '기타, 다른 사물(사람)', 差异는 '차이, 다른 점' 이라는 뜻이에요.

손님

다른 제품과 어떤 차이가 있나요?

跟其他商品有什么 ☐ ?

껀 치타 샹핀 요우 션머 챠이?

생활 | 143

두 사람의 대화를 이해하며 주요 표현을 따라 써 보세요.

행인

직진하시다 약국이 보이면 우회전하세요. 바로 거기입니다.

直走可看到药店，然后往右拐就是。

찍쪼우 커 칸따오 야오띠앤, 란호우 왕 요우 꾸아이 찌요우 싀.

손님

통조림을 어디에서 찾을 수 있나요?

罐头在哪里可以找到？

꾸안토우 짜이 나 리 커이 쨔오따오?

직원

7번 통로에서 찾으실 수 있습니다.

在七号通路可以找到。

짜이 치 하오 통루 커이 쨔오따오.

두 사람의 대화를 이해하며 주요 표현을 따라 써 보세요.

손님

오늘 어떤 고기가 좋은가요?
今天哪种肉类好?
찐티앤 나 쭝 로우레이 하오?

직원

오늘 아침에 소고기가 새로 들어왔습니다.
今天早上牛肉刚进来了。
찐티앤 쨔오샹 니요우로우 깡 찐라이 러.

직원

그럼 안심을 추천해드릴게요.
那么我推荐肋骨肉。
나머 워 투에이찌앤 레이꾸로우.

두 사람의 대화를 이해하며 주요 표현을 따라 써 보세요.

손님

어느 브랜드 치약이 가장 좋아요?

什么牌子的牙膏最好?

션머 파이쯔 떠 야까오 쭈에이 하오?

직원

이것이 가장 잘 팔리는 브랜드예요.

这个是最畅销的品牌。

쩌 꺼 싀 쭈에이 챵씨아오 떠 핀파이.

손님

다른 제품과 어떤 차이가 있나요?

跟其他商品有什么差异?

껀 치타 샹핀 요우 션머 챠이?

마법처럼 풀리는 마풀중국어

16강

마트

상품 문의하기 & 계산하기

상품 문의하기 1
상품 문의하기 2
계산하기

16강 상품 문의하기 1

중국어를 우리말로 바꿔 써 보세요.

→ _____

→ _____

→ _____

→ _____

주요 표현을 학습한 후, 빈칸에 알맞은 중국어를 써 보세요.

우유를 구매할 때 유통기한을 확인하는 것이 중요한데요, 중국의 우유에는 다음과 같은 표현들이 써 있습니다.

생산날짜

生产日 [　]

성챤 르치

보존기한

保质 [　]

빠오찌치

~까지

至

찌

16강 상품 문의하기 2

중국어를 우리말로 바꿔 써 보세요.

今天有特价商品吗?
찐티앤 요우 터찌아 샹핀 마?

→ _____

您购买两瓶洗发水的话,
닌 꼬우마이 리앙 핑 씨퐈 슈에이 떠 후아,

→ _____

送给您一瓶护发素。
쏭 께이 닌 이 핑 후퐈쑤.

→ _____

今天智利红酒买一送一。
찐티앤 쯔리 홍찌요우 마이 이 쏭 이.

→ _____

주요 표현을 학습한 후, 빈칸에 알맞은 중국어를 써 보세요.

特价는 '특가'라는 뜻이에요.

购买는 '사다, 구매하다', 洗发水는 '샴푸', 护发素는 '린스'라는 뜻이에요.

손님

오늘 특가 상품이 있나요?

今天有 ☐ 商品吗?

찐티앤 요우 터찌아 샹핀 마?

직원

샴푸 2병을 구매하시면 린스 1병을 무료로 드립니다.

您 ☐ 两瓶洗发水的话, 送给您一瓶护发素。

닌 꼬우마이 리앙 핑 씨퐈슈에이 떠 후아, 쏭 게이 닌 이 핑 후퐈쑤.

주요 표현을 학습한 후, 빈칸에 알맞은 중국어를 써 보세요.

红酒柜台는 '와인코너', 进行은 '진행하다'라는 뜻이에요.

智利는 '칠레'이고, 买一送一는 '1+1'이라는 의미의 할인 표현이에요.

손님

와인코너에서 진행하는 특가 행사가 있나요?

红酒柜台有进行 ☐ 吗?

홍찌요우 꾸에이타이 요우 찐씽 터찌아 후어똥 마?

직원

오늘 하루 칠레 와인은 1+1입니다.

今天智利红酒 ☐ 。

찐티앤 찍리 홍찌요우 마이 이 쏭 이.

16강 계산하기

중국어를 우리말로 바꿔 써 보세요.

→ _____

→ _____

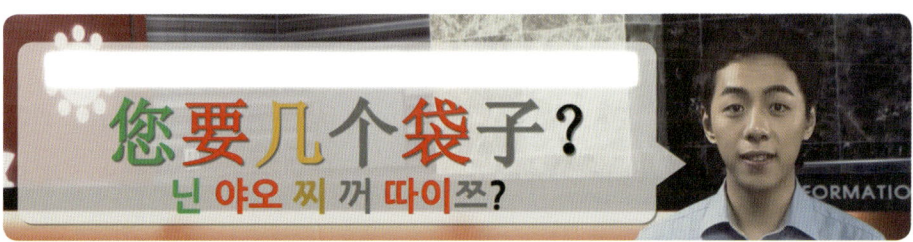

→ _____

→ _____

주요 표현을 학습한 후, 빈칸에 알맞은 중국어를 써 보세요.

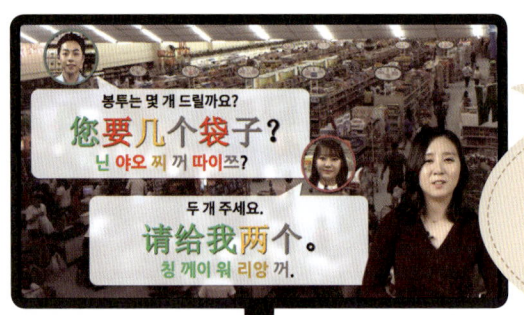

袋子는 '봉투'를 의미해요.

직원

봉투는 몇 개 드릴까요?

您要几个 ☐ ?

닌 야오 찌 꺼 따이쯔?

손님

두 개 주세요.

请给我两个。

칭 께이 워 리앙 꺼.

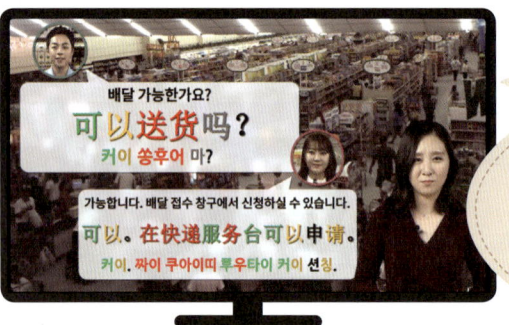

送货는 '배달하다', 快递服务台는 '배달 접수 창구', 申请은 '신청하다' 라는 뜻이에요.

손님

배달 가능한가요?

可以 ☐ 吗?

커이 쏭후어 마?

직원

가능합니다. 배달 접수 창구에서 신청하실 수 있습니다.

可以。在快递服务台可以 ☐ 。

커이. 짜이 쿠아이띠 후우타이 커이 션칭.

두 사람의 대화를 이해하며 주요 표현을 따라 써 보세요.

손님

오늘 특가 상품이 있나요?

今天有特价商品吗?

찐티앤 요우 터찌아 샹핀 마?

직원

샴푸 2병을 구매하시면 린스 1병을 무료로 드립니다.

您购买两瓶洗发水的话，
送给您一瓶护发素。

닌 꼬우마이 리앙 핑 씨퐈슈에이 떠 후아, 쏭 께이 닌 이 핑 후퐈쑤.

손님

와인코너에서 진행하는 특가 행사가 있나요?

红酒柜台有进行特价活动吗?

홍찌요우 꾸에이타이 요우 찐씽 터찌아 후어똥 마?

직원

오늘 하루 칠레 와인은 1+1입니다.

今天智利红酒买一送一。

찐티앤 찌리 홍찌요우 마이 이 쏭 이.

생활 | 155

두 사람의 대화를 이해하며 주요 표현을 따라 써 보세요.

직원

봉투는 몇 개 드릴까요?
您要几个袋子?
닌 야오 찌 꺼 따이쯔?

손님

두 개 주세요.
请给我两个。
칭 께이 워 리앙 꺼.

손님

배달 가능한가요?
可以送货吗?
커이 쏭후어 마?

직원

가능합니다. 배달 접수 창구에서 신청하실 수 있습니다.
可以。在快递服务台可以申请。
커이. 짜이 쿠아이띠 푸우타이 커이 션칭.

마법처럼 풀리는 마풀중국어

17강

은행
계좌 개설하기 & 입출금하기

계좌 개설하기
입출금하기

17강 계좌 개설하기

중국어를 우리말로 바꿔 써 보세요.

您好，请问您要办理什么业务?
닌 하오, 칭 원 닌 야오 빤리 션머 예우?

→ _____

我想开个户。
워 씨앙 카이 꺼 후.

→ _____

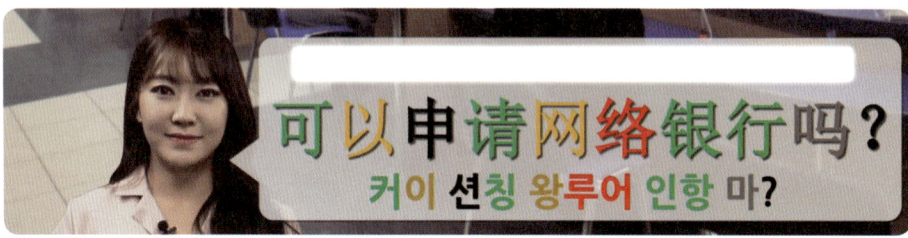

可以申请网络银行吗?
커이 션칭 왕루어 인항 마?

→ _____

先在银行网页登记，然后可以使用。
씨앤 짜이 인항 왕예 떵찌, 란호우 커이 싀용.

→ _____

주요 표현을 학습한 후, 빈칸에 알맞은 중국어를 써 보세요.

开个户는 '계좌를 개설하다' 라는 의미예요.

손님

계좌를 개설하고 싶어요.

我想 □ 。

워 씨앙 카이 꺼 후.

网络银行은 '인터넷 뱅킹'을 의미해요.

손님

인터넷 뱅킹은 언제부터 사용 가능하나요?

什么时候可以用 □ ?

션머 스호우 커이 용 왕루어 인항?

 ## 17강 입출금하기

 중국어를 우리말로 바꿔 써 보세요.

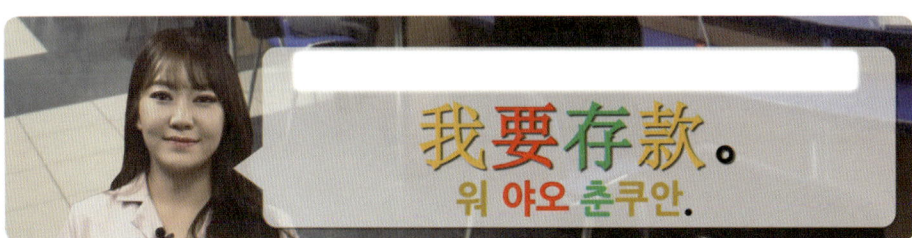

→ _____

→ _____

→ _____

→ _____

주요 표현을 학습한 후, 빈칸에 알맞은 중국어를 써 보세요.

存款은 '입금'이라는 뜻으로, '출금'은 取钱이라고 해요.

 손님

입금을 하고 싶습니다.

我要 ☐ 。

워 야오 춘쿠안.

 직원

여기 용지에 금액을 쓰시고 사인해주세요.

在这张单子上写金额和签名。

짜이 쩌 쨩 딴쯔 샹 씨에 찐어 허 치앤밍.

汇款은 '송금'을 의미해요.

 손님

송금은 얼마나 걸리나요?

☐ 需要多长时间?

후에이쿠안 쉬야오 뚜어챵 식찌앤?

생활 | 161

주요 표현을 학습한 후, 빈칸에 알맞은 중국어를 써 보세요.

从~到~는 '~에서 ~까지'라는 뜻으로 범위를 나타냅니다.

직원

중국에서 한국까지 보통 하루가 소요됩니다.

☐ 中国 ☐ 韩国 一般需要一天。

총 쫑꾸어 따오 한꾸어 이빤 쒸야오 이 티앤.

手续费는 '수수료'를 의미해요.

손님

수수료는 얼마입니까?

☐ 多少钱？

쇼우쒸페이 뚜어샤오 치앤?

두 사람의 대화를 이해하며 주요 표현을 따라 써 보세요.

손님

계좌를 개설하고 싶어요.

我想开个户。

워 씨앙 카이 꺼 후.

인터넷 뱅킹은 언제부터 사용 가능하나요?

什么时候可以用网络银行?

션머 식호우 커이 용 왕루어 인항?

입금을 하고 싶습니다.

我要存款。

워 야오 춘쿠안.

직원

여기 용지에 금액을 쓰시고 사인해주세요.

在这张单子上写金额和签名。

짜이 쪄 쨩 딴쯔 샹 씨에 찐어 허 치앤밍.

생활 | 163

두 사람의 대화를 이해하며 주요 표현을 따라 써 보세요.

손님

송금은 얼마나 걸리나요?

汇款需要多长时间?

후에이쿠안 쒸야오 뚜어챵 식찌앤?

직원

중국에서 한국까지 보통 하루가 소요됩니다.

从中国到韩国一般需要一天。

총 쫑꾸어 따오 한꾸어 이빤 쒸야오 이 티앤.

손님

수수료는 얼마입니까?

手续费多少钱?

쇼우쒸페이 뚜어샤오 치앤?

마법처럼 풀리는 마풀중국어

18강

은행
대출받기 & 기타 서비스 문의하기

대출받기
기타 서비스 문의하기 1
기타 서비스 문의하기 2

18강 대출받기

 중국어를 우리말로 바꿔 써 보세요.

→ _____

→ _____

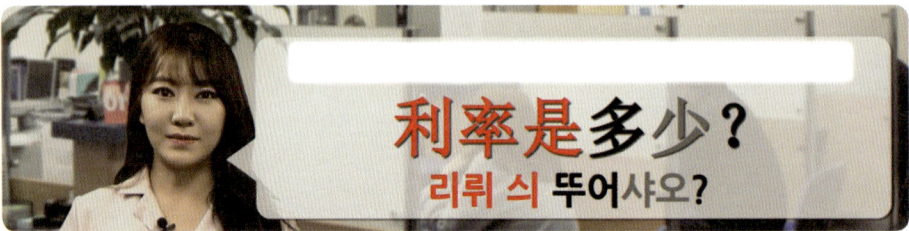

→ _____

→ _____

주요 표현을 학습한 후, 빈칸에 알맞은 중국어를 써 보세요.

貸款은 '(은행에서) 대출하다'라는 뜻이에요. 현금 서비스를 받고 싶다고 할 때는 貸款 자리에 預付現金을 넣어 표현하면 돼요.

손님

대출을 받고 싶습니다.

我想 ☐ 。

워 씨앙 따이쿠안.

利率는 '이자율'을 뜻하고, 成은 '10분의 1'을 의미해요.

손님

이자율은 어떻게 되나요?

☐ 是多少?

리뤼 식 뚜어샤오?

직원

10%입니다.

是一☐ 。

식 이쳥.

주요 표현을 학습한 후, 빈칸에 알맞은 중국어를 써 보세요.

贷款期限은 '대출 기한', 设定은 '설정하다' 라는 뜻이에요.

 직원

대출 기한을 얼마 동안으로 설정하시겠습니까?

☐ 设定多久?

따이쿠안 치씨앤 셔띵 뚜어찌요우?

 손님

1년으로 하겠습니다.

一年吧。

이 니앤 빠.

18강 기타 서비스 문의하기 1

 중국어를 우리말로 바꿔 써 보세요.

→ _____

→ _____

→ _____

→ _____

주요 표현을 학습한 후, 빈칸에 알맞은 중국어를 써 보세요.

손님

신용카드를 잃어버렸어요.

我的 [信用卡] 丢失了。

워 떠 신용카 띠우싀 러.

손님

새 카드는 언제 받을 수 있나요?

什么时候可以 [收到] 我的新卡?

션머 싀호우 커이 쇼우따오 워 떠 씬 카?

직원

5일 후에 받아보실 수 있습니다.

五天后可以 [收到]。

우 티앤 호우 커이 쇼우따오.

18강 기타 서비스 문의하기 2

 중국어를 우리말로 바꿔 써 보세요.

我想兑换。
워 씨앙 뚜에이후안.

→ _____

要换哪种货币?
야오 후안 나 쫑 후어삐?

→ _____

想用美元换港币。
씨앙 용 메이위앤 후안 깡삐.

→ _____

汇率是多少?
후에이뤼 싀 뚜어샤오?

→ _____

주요 표현을 학습한 후, 빈칸에 알맞은 중국어를 써 보세요.

兑换은 '환전하다'라는 의미예요.

손님
환전을 하고 싶습니다.
我想 ☐ 。
워 씨앙 뚜에이후안.

换은 '바꾸다', 货币는 '화폐', 美元은 '미국달러', 港币는 '홍콩달러'라는 뜻이에요.

직원
어떤 화폐로 바꾸실 겁니까?
要换哪种 ☐ ?
야오 후안 나 쫑 후어삐?

손님
미화를 홍콩달러로 바꾸고 싶습니다.
想用美元 ☐ 港币。
씨앙 용 메이위앤 후안 깡삐.

주요 표현을 학습한 후, 빈칸에 알맞은 중국어를 써 보세요.

汇率는 '환율'이라는 뜻으로, 对港币的汇率는 '홍콩달러에 대한 환율'을 의미해요.

손님

환율은 어떻게 되나요?

☐ 是多少?

후에이뤼 식 뚜어샤오?

직원

미화의 홍콩달러에 대한 환율은 7.8불입니다.

美元对港币的 ☐ 是七点八。

메이위앤 뚜에이 깡삐 떠 후에이뤼 식 치 띠앤 빠.

두 사람의 대화를 이해하며 주요 표현을 따라 써 보세요.

손님

대출을 받고 싶습니다.

我想贷款。

워 씨앙 따이쿠안.

이자율은 어떻게 되나요?

利率是多少？

리뤼 식 뚜어샤오?

직원

10%입니다.

是一成。

식 이청.

대출 기한을 얼마 동안으로 설정하시겠습니까?

贷款期限设定多久？

따이쿠안 치씨앤 셔띵 뚜어찌요우?

손님

1년으로 하겠습니다.

一年吧。

이 니앤 빠.

두 사람의 대화를 이해하며 주요 표현을 따라 써 보세요.

손님

신용카드를 잃어버렸어요.

我的信用卡丢失了.

워 떠 신용카 띠우식 러.

새 카드는 언제 받을 수 있나요?

什么时候可以收到我的新卡?

션머 식호우 커이 쇼우따오 워 떠 씬 카?

직원

5일 후에 받아보실 수 있습니다.

五天后可以收到.

우 티앤 호우 커이 쇼우따오.

두 사람의 대화를 이해하며 주요 표현을 따라 써 보세요.

손님

환전을 하고 싶습니다.

我想兑换.

워 씨앙 뚜에이후안.

직원

어떤 화폐로 바꾸실 겁니까?

要换哪种货币?

야오 후안 나 쫑 후어삐?

손님

미화를 홍콩달러로 바꾸고 싶습니다.

想用美元换港币.

씨앙 용 메이위앤 후안 깡삐.

환율은 어떻게 되나요?

汇率是多少?

후에이뤼 싀 뚜어샤오?

직원

미화의 홍콩달러에 대한 환율은 7.8불입니다.

美元对港币的汇率是七点八.

메이위앤 뚜에이 깡삐 떠 후에이뤼 싀 치 띠앤 빠.

19강 접수하기

 중국어를 우리말로 바꿔 써 보세요.

→ _____

→ _____

→ _____

→ _____

주요 표현을 학습한 후, 빈칸에 알맞은 중국어를 써 보세요.

身份证은 '신분증', 名字는 '이름', 地址는 '주소', 电话号码는 '연락처' 라는 뜻이에요.

의사

신분증을 주시고 여기에 이름, 주소, 연락처를 적어주세요.

请给我您的 ☐ , 在这里写名字, 地址和电话号码。

칭 께이 워 닌 떠 션펀쩡, 짜이 쪄리 씨에 밍쯔, 띠쯰 허 띠앤후아 하오마.

不舒服은 '아프다, 불편하다', 肚子疼은 '배가 아프다'라는 의미예요. 머리가 아플 때는 头疼, 허리가 아플 때는 腰疼 이라고 하면 돼요.

의사

어디가 불편하세요?

您哪儿 ☐ ?

닌 나 뿌 슈후?

환자

배가 아파요.

我肚子 ☐ 。

워 뚜쯔 텅.

생활 | 179

진료받기

 중국어를 우리말로 바꿔 써 보세요.

你什么时候开始生病的?
니 션머 싀호우 카이싀 셩삥 떠?

→ _____

从昨天吃晚饭以后发作的。
총 쭈어티앤 츼 완판 이호우 퐈쭈어 떠.

→ _____

你昨天吃了什么东西?
니 쭈어티앤 츼 러 션머 똥씨?

→ _____

有其他症状吗?
요우 치타 쩡쮸앙 마?

→ _____

주요 표현을 학습한 후, 빈칸에 알맞은 중국어를 써 보세요.

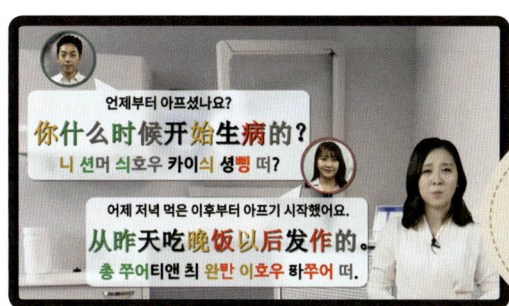

生病은 '병이 나다, 발병하다'라는 뜻이에요. 发作는 '반응이 시작되다'라는 뜻으로, 여기서는 '아프기 시작하다'라는 의미를 나타내요.

의사

언제부터 아프셨나요?
你什么时候开始□的?
니 션머 스호우 카이스 셩삥 떠?

환자

어제 저녁 먹은 이후부터 아프기 시작했어요.
从昨天吃晚饭以后□的。
총 쭈어티앤 츠 완판 이호우 파쭈어 떠.

其他는 '기타, 다른', 症状은 '증상'이라는 뜻이에요.

一直는 '계속, 줄곧', 拉肚子는 '설사하다', 恶心은 '구역질이 나다', 吐는 '토하다'라는 뜻이에요.

의사

다른 증상도 있나요?
有其他□吗?
요우 치타 쪙쭈앙 마?

환자

계속 설사하고, 구역질 나고 토할 것 같아요.
我一直□，觉得恶心想吐。
워 이쯔 라 뚜쯔, 쮜에더 어씬 씨앙 투.

두 사람의 대화를 이해하며 주요 표현을 따라 써 보세요.

의사

신분증을 주시고 여기에 이름, 주소, 연락처를 적어주세요.

请给我您的身份证,
在这里写名字,
地址和电话号码。

칭 께이 워 닌 떠 션펀쪙, 짜이 쪄리 씨에 밍쯔, 띠찍 허 띠앤후아 하오마.

어디가 불편하세요?

您哪儿不舒服?

닌 나얼 뿌 슈후?

환자

배가 아파요.

我肚子疼。

워 뚜쯔 텅.

두 사람의 대화를 이해하며 주요 표현을 따라 써 보세요.

의사

언제부터 아프셨나요?

你什么时候开始生病的?

니 션머 싀호우 카이싀 셩삥 떠?

환자

어제 저녁 먹은 이후부터 아프기 시작했어요.

从昨天吃晚饭以后发作的。

총 쭈어티앤 츼 완판 이호우 파쭈어 떠.

의사

다른 증상도 있나요?

有其他症状吗?

요우 치타 쪙쮸앙 마?

환자

계속 설사하고, 구역질 나고 토할 것 같아요.

我一直拉肚子，
觉得恶心想吐。

워 이쯰 라 뚜쯔, 쮜에떠 어씬 씨앙 투.

Memo

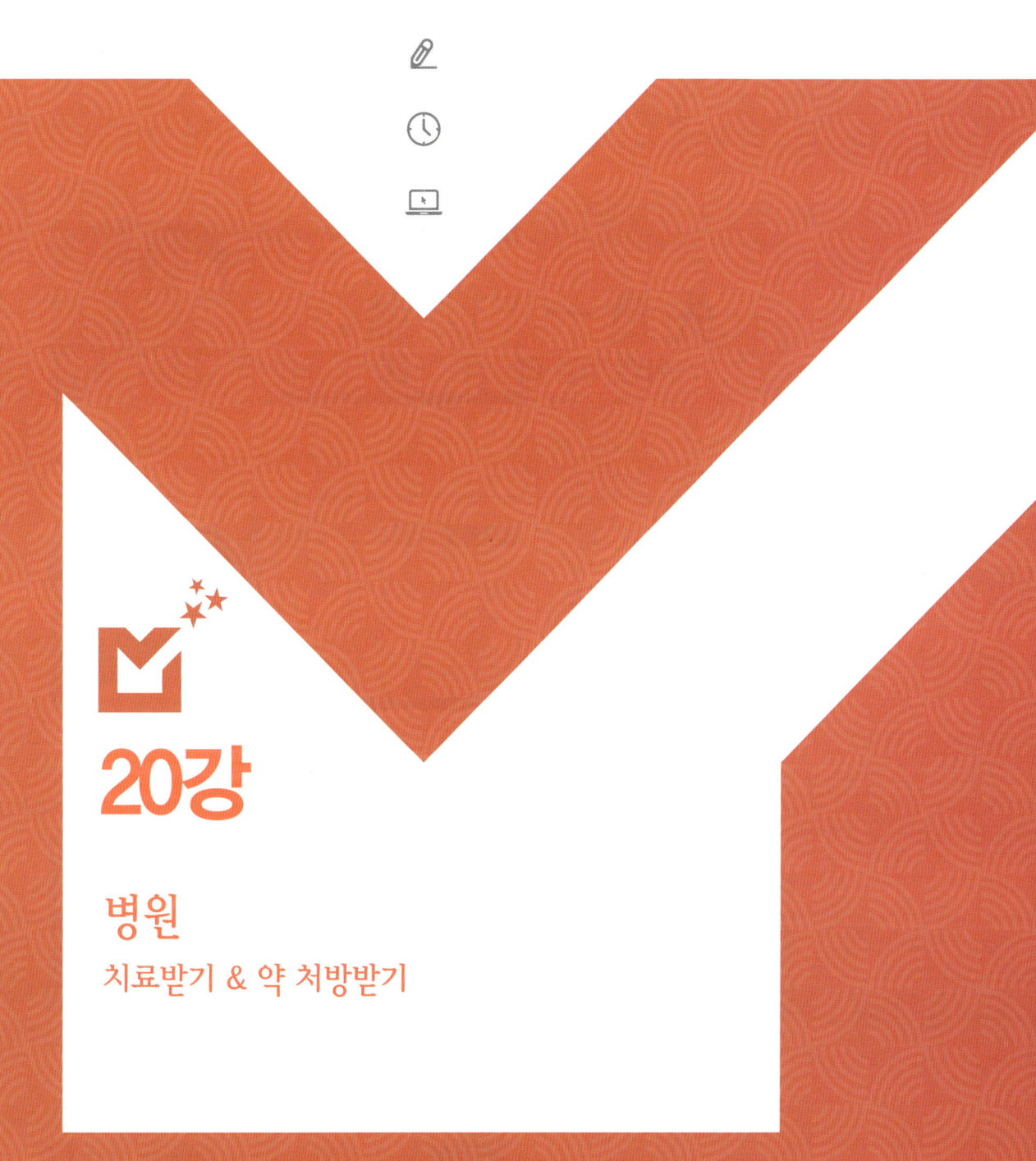

20강 치료받기

중국어를 우리말로 바꿔 써 보세요.

先量一下体温。
씨앤 리앙 이 씨아 티원.

→ _____

有点发烧，你有食物过敏吗？
요우 띠앤 파샤오. 니 요우 싀우 꾸어민 마?

→ _____

有什么需要注意的吗？
요우 션머 쉬야오 쮸이 떠 마?

→ _____

这几天你得吃粥。
쩌 찌 티앤 니 떼이 츠 쪼우.

→ _____

주요 표현을 학습한 후, 빈칸에 알맞은 중국어를 써 보세요.

食物는 '음식물', 过敏은 '알레르기'라는 뜻이에요.

의사

음식 알레르기가 있나요?

你有食物☐吗?

니 요우 싀우 꾸어민 마?

注意는 '주의하다', 得는 '~해야 한다', 粥는 '죽' 이라는 뜻이에요.

환자

주의해야 할 점이 있나요?

有什么需要☐的吗?

요우 션머 쒸야오 쭈이 떠 마?

의사

당분간 식사로 죽을 드셔야 해요.

这几天你☐吃粥。

쩌 찌 티앤 니 떼이 츼 쪼우.

생활 | 187

20강 약 처방받기

중국어를 우리말로 바꿔 써 보세요.

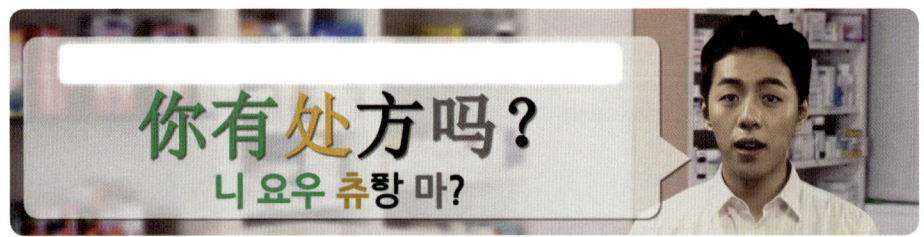

→ _____

→ _____

→ _____

→ _____

주요 표현을 학습한 후, 빈칸에 알맞은 중국어를 써 보세요.

处方은 '처방전'이라는 뜻이에요.

의사

처방전 있으세요?

你有 ☐ 吗?

니 요우 츄팡 마?

告诉는 '알려 주다',
药는 '약',
服用方法는 '복용법'
이라는 뜻이에요.

환자

이 약 복용법을 알려주세요.

请告诉我这药的 ☐ 。

칭 까오쑤 워 쪄 야오 떠 후용 팡파.

의사

식후 삼십 분 후에 드세요.

吃饭三十分钟 ☐ 吃药吧。

츠 판 싼스 펀쭝 호우 츠 야오 빠.

생활 | 189

주요 표현을 학습한 후, 빈칸에 알맞은 중국어를 써 보세요.

应该는 '~해야 한다'라는 뜻으로, 应该와 该는 같은 의미예요.

환자 며칠 동안 먹어야 하나요?

我 [应该] 吃几天?

워 잉까이 츨 찌 티앤?

의사 3일 동안 드셔야 돼요.

你 [该] 吃三天。

니 까이 츨 싼 티앤.

두 사람의 대화를 이해하며 주요 표현을 따라 써 보세요.

의사

음식 알레르기가 있나요?

你有食物过敏吗?

니 요우 싀우 꾸어민 마?

환자

주의해야 할 점이 있나요?

有什么需要注意的吗?

요우 션머 쒸야오 쮸이 떠 마?

의사

당분간 식사로 죽을 드셔야 해요.

这几天你得吃粥。

쪄 찌 티앤 니 떼이 칙 쪼우.

두 사람의 대화를 이해하며 주요 표현을 따라 써 보세요.

의사

처방전 있으세요?

你有处方吗?

니 요우 츄팡 마?

환자

이 약 복용법을 알려주세요.

请告诉我这药的服用方法。

칭 까오쑤 워 쪄 야오 떠 푸용 팡파.

의사

식후 삼십 분 후에 드세요.

吃饭三十分钟后吃药吧。

츼 판 싼식 펀쫑 호우 츼 야오 빠.

환자

며칠 동안 먹어야 하나요?

我应该吃几天?

워 잉까이 츼 찌 티앤?

의사

3일 동안 드셔야 돼요.

你该吃三天。

니 까이 츼 싼 티앤.